LES ŒUVRES
DE M. POPE,
TRADUITES EN FRANÇOIS.

Liste des Ouvrages contenus dans ce Volume.

Les principes de la Morale & du Goût, ou Essai sur l'Homme, & Essai sur la Critique, traduits en Vers François par M. l'Abbé du Resnel, Abbé de Sept-Fontaines.

La Boucle de Cheveux enlevée, traduite par M. L. D. F.

LES PRINCIPES
DE LA MORALE
ET
DU GOÛT.
EN DEUX POËMES
TRADUITS DE L'ANGLOIS
DE M. POPE,

Par M. Du Resnel, Abbé de Sept-Fontaines, de l'Académie des Inscriptions & Belles-Lettres.

A PARIS,
Chez Briasson Libraire, rue S. Jacques, à la Science.

M. DCC. XXXVII.
Avec Approbation & Privilege du Roy.

Ornari res ipsa negat, contenta doceri.
Manilius.

DISCOURS
PRÉLIMINAIRE
DU TRADUCTEUR.

IL semble que le goût pour les Romans, les Historiétes, les Contes & semblables Ouvrages soit presque devenu le goût général de notre siécle. Le mérite d'être amusant est non seulement aujourd'hui le grand mérite des Hommes, mais encore celui des Ouvrages qui ont cours parmi ce qu'on appelle le Monde poli. Nos Auteurs n'oseroient presqu'avouer qu'ils se proposent d'être utiles, & se croyent obligés de faire sérieusement des excuses au Publie, lorsqu'ils travaillent à l'instruire. C'est donc une résolution

A

courageuſe que de lui préſenter tout à la fois deux Ouvrages, dont l'un rempli de vérités profondes & ſévéres, combat directement cette Morale frivole & voluptueuſe, que quelques Ecrivains modernes s'efforcent d'accréditer; & dont l'autre contient des régles & des maximes ſur le goût, preſque toutes oppoſées à celui qui s'empare inſenſiblement de la plûpart de nos Auteurs, & de ceux qui les liſent.

Je fis imprimer en 1730 la Traduction en Vers de l'*Eſſai ſur la Critique* de M. Pope. De tous ſes Ouvrages, c'étoit celui qui juſqu'alors lui avoit fait le plus d'honneur, & le ſeul, ſi on excepte l'*Eſſai ſur l'Homme*, que les Critiques de ſa Nation ayent épargné. J'ai entre les mains une vingtaine de Brochures faites contre les Ecrits de cet illuſtre Poëte. Dans ces Pieces où il eſt attaqué ſans aucun ménagement, & avec toute la fureur que l'envie inſpire aux ames foibles contre les talens supérieurs, on ne parle de l'Essai sur la Critique qu'avec éloge, & que comme nous parlons en France de l'Art Poëtique de M. Despréaux. Le seul endroit par lequel ce Poëme mérite le nom d'Essai, c'est que dans le fond l'Auteur ne lui a pas donné tout l'ordre dont il étoit susceptible; plus excusable en cela qu'Aristote & qu'Horace dans leurs Poëtiques, parce que son titre ne promet rien d'achevé. Je crus qu'un morceau de cette nature méritoit de passer dans notre Langue; & le favorable accueil que le Public a fait à ma Traduction, m'a donné lieu de croire qu'il y avoit trouvé une partie de ce que je m'étois promis de lui donner.

Mais comme les qualités de l'esprit ne sont, pour ainsi dire, que la moitié de l'Homme, qu'elles ne servent même souvent qu'à le dégrader, si elles ne sont jointes aux qualités du cœur, on m'a persuadé de joindre à l'*Essai sur la Critique*, l'*Essai sur l'Homme*, autre Poëme de M. Pope, & qui est regardé par les Anglois comme un des plus beaux morceaux de Poësie qu'ils ayent en leur Langue. Des personnes aussi distinguées par leur esprit, que respectables par leur vertu, m'ont engagé à surmonter les dégoûts d'un semblable travail, & m'ont fait espérer que ces deux Ouvrages ainsi réunis, ne seroient pas inutiles pour former l'esprit & le cœur, le goût & les mœurs d'une infinité de gens, qui n'ont ni le loisir, ni les connoissances nécessaires pour étudier à fond la Morale & les Belles Lettres.

On apprendra dans l'*Essai sur la Critique* à connoître la portée de son génie, à saisir les différences presque infinies qui se trouvent entre les esprits; les causes de nos erreurs, & de nos faux jugemens; les sources où il faut puiser pour se former le goût; en quoi consiste la véritable beauté des Ouvrages d'esprit ; avec quelles précautions il faut les lire pour y discerner le bon du mauvais, & en général quelles sont les qualités qui font non seulement les bons Critiques, mais même les bons Auteurs. On trouvera dans l'*Essai sur l'Homme*, un court exposé de ce que la Métaphysique a de plus certain pour nous conduire à la connoissance de nous-mêmes, & la Morale de plus nécessaire, pour nous porter à la pratique de nos devoirs par rapport à Dieu, & par rapport aux Hommes.

» On regarde (*a*) assez commu-
» nément la Poësie & la Métaphy-
» sique comme deux genres incom-
» patibles, & ce jugement est fon-
» dé sur l'expérience. L'enthousias-
» me de la premiere & ses écarts ne
» peuvent que très-difficilement
» s'allier avec le flegme & la préci-
» sion de la seconde. Peu de génies

(*a*) Mémoires de Trévoux. Extrait de la Traduction de l'Essai sur l'Homme, par M. D. S. mois de Juin 1736.

» ont été assez hardis pour essayer
» cet accord, & moins encore ont
» eu la gloire d'y réussir. Il étoit ré-
» servé dans ces derniers tems à M.
» Pope plus qu'à tout autre de s'ou-
» vrir cette carriere, & de la par-
» courir avec l'applaudissement des
» vrais Connoisseurs. »

Il se sert d'abord des seules lumieres de la raison pour examiner la nature de l'Homme, selon M. Pope. (Epitre premiere.) La raison nous apprend que l'Homme est créé pour habiter ce Monde, & de ce principe joint à l'idée que nous avons de la sagesse & de la bonté de l'Etre suprême, notre Poëte conclut que chaque Homme a toutes les perfections qui conviennent à son état de créature, & au rapport qu'il a non seulement avec ses semblables, mais encore avec toutes les parties qui composent cet Univers. Comme nous ne connoissons point ce rapport dans toute son étendue, nous ne pouvons point aussi connoître parfaitement, jusqu'où va la sagesse de Dieu dans la formation de l'Homme ; mais il nous suffit de sçavoir que l'Homme est un être fini & limité, pour n'être plus surpris de le voir si imparfait dans l'ame & dans le corps. (Epitre deuxiéme.) La sagesse & la bonté de Dieu éclatent jusque dans les miséres & dans les foiblesses, qui sont le partage de l'Homme, elles tournent même quelquefois à son avantage. Les passions sont bonnes en elles-mêmes ; de leur bon ou de leur mauvais usage dépend le bonheur de chaque Homme en particulier, & de la société en général. La source des erreurs de l'Homme & de l'injustice de ses plaintes contre la Providence, vient de ce qu'il croit que tout est fait pour lui, au lieu qu'il est certain que l'Homme est fait pour l'avantage du *tout*. (Epitre troisiéme.) En vain donc l'Homme essayeroit-il de se faire un bonheur indépendant des autres ; il ne peut, & il ne doit être heureux qu'autant qu'il contribue au bonheur réciproque de tout le Genre humain, & même de tout l'Univers ; bonheur qui est le principal & le grand objet du Créateur. Or, la vertu seule peut mettre les Hommes dans cette heureuse disposition, & à mesure qu'elle se forme dans leur cœur, ils avancent dans l'unique voie qui conduit au bonheur.

L'Auteur ne se contente pas d'inspirer à ses Lecteurs cet esprit d'équité, de bonté, & de droite raison qui constitue l'honnête Homme. Par les vertus morales & naturelles, il les conduit de degrés en degrés jusqu'à la connoissance des vertus surnaturelles. Quoique le Chrétien suppose nécessairement l'honnête Homme ; il y a encore loin de l'un à l'autre. C'est à la foi à perfectionner ce que toute la raison humaine ne pourra jamais qu'ébaucher. Ainsi (Epitre quatriéme,) tout Homme qui veut dans cette vie se rendre aussi heureux, que son état le comporte, & dans l'autre s'assurer un bonheur éternel, doit absolument remonter à des principes plus élevés que ceux que la raison lui fournit ; il doit recourir aux lumieres de la Religion. En un mot, *il doit établir son bonheur sur le fondement d'une foi vive, d'une espérance ferme, & d'une charité ardente.*

Tel est en peu de mots le dessein général de ce Poëme, qui ne tend qu'à inspirer une grande idée de Dieu, une soumission parfaite à sa volonté, l'amour de ce Sage & Bienfaisant Créateur, & l'amour de tous les Hommes. Je ne puis donc assez m'étonner que quelques Lecteurs sur une Traduction, qui de leur propre aveu leur a paru inintelligible en plusieurs endroits, ayent prétendu y découvrir un venin caché, & toutes les absurdités du Spinosisme. Je ne m'arrêterai point à réfuter une accusation si peu fondée, & qui n'a fait impression que sur un petit nombre de personnes peu instruites, ou assez à plaindre pour souhaiter d'y trouver leurs propres sentimens. Je me contenterai de renvoyer là-dessus au (*a*) Journal des Sçavans, aux Mémoires de Trévoux, aux Observations sur les Ecrits Modernes, &c. La seule réputation de M. Pope auroit dû mettre ce Poëme à l'abri d'un soupçon si odieux. Né, & élevé dans le sein de la Religion Catholique, il en a toujours fait profession ouverte, & dans un Pays, où ce qu'il en coute à ceux qui se déclarent contre la Religion dominante, est un sûr garand de l'intime persuasion de leur cœur. Les ennemis que le seul éclat de son mérite lui a faits parmi ses Compatriotes, doutent si peu de

___

(*a*) Voyez le Journal des Sçavans, mois d'Avril 1736. Mémoires de Trévoux, mois de Juin même année. Observations sur les Ecrits Modernes, Tome IV. Lettre 47.

sa Catholicité, qu'ils lui en font dans leurs Libelles une espéce de crime, & qu'ils prétendent ridiculement que son *Papisme* gâte ses Ouvrages, & lui ôte cette hardiesse & cette liberté d'esprit, qu'ils regardent comme l'ame de la Poësie.

Il est cependant de l'équité, en lisant ce Poëme, d'en avoir toujours le titre devant les yeux, & de n'oublier jamais que ce n'est point un traité complet, mais un simple *Essai*. On le doit considérer, pour me servir des termes mêmes de l'Auteur, comme *une Carte générale, qui ne marque que les endroits les plus considérables, leur étendue, leurs limites, & leur connexion. Il donnera, ajoute-t'il, dans la suite des Cartes particulieres, qui entreront dans un plus grand détail.* Son dessein n'a pas été de rassembler ici tout ce qui peut se dire sur une matiere si vaste, mais simplement de poser les principes généraux sur lesquels la Morale est fondée. Il faut toujours se souvenir que M. Pope écrit en Philosophe, & non en Théologien; mais en Philosophe Chrétien, qui par les lumieres de la raison dispose les esprits à recevoir favorablement les lumieres de la foi, & qui finit précisément où le Théologien doit commencer.

Je me suis donc flaté de rendre quelque service au Public, en lui donnant un Ouvrge unique en cé genre; trop court pour effrayer la paresse des Lecteurs, assez étendu cependant pour les instruire; trop judicieux & trop vrai pour frapper par la nouveauté, ou par la singularité des pensées, mais néanmoins écrit & pensé de maniere à donner un air de nouveauté aux vérités & aux maximes les plus communes; trop orné pour jamais paroître sec ou ennuyeux, mais en même tems assez solide pour attacher encore plus par le fond des choses, & par la suite du raisonnement, que par les graces de l'expression, ou par

PRÉLIMINAIRE. xiij

la variété des Images. *Il en est*, disoit M. de (*a*) Fénelon, *de la Poësie comme de l'Architecture, il faut que tous les morceaux nécessaires se changent en ornemens naturels; mais tout ornement qui n'est qu'ornement de trop.* Il semble que M. Pope ait toujours eu ce principe devant les yeux. La seule espérance de mettre plus de précision dans ses idées, l'a déterminé à préférer les Vers à la Prose. On sçait d'ailleurs que les maximes & les préceptes mis en Vers, en acquierent une nouvelle force, & que frappant d'abord plus vivement l'esprit, ils s'impriment ensuite plus profondément dans la mémoire.

Le Comte de Roscomon (*b*), dans son Poëme, sur la maniere de traduire en Vers, prétend que pour

---

(*a*) Lettre à l'Académie Françoise.
(*b*) Je suis obligé d'avertir que dans la premiere Edition de ma Traduction de l'Essai sur la Critique qui parut en 1730. j'ai fait usage de cette pensée, & des deux passages de M. de Roscomon, qu'on trouve ici cités.

y réussir, * il est à propos de choisir son Auteur comme on choisit un Ami, par la sympathie, & par le rapport du goût & des inclinations. Ce sera le moyen, dit-il, qu'il vous devienne familier : Vous vous unirez avec lui de pensées, d'expressions, de style, & d'esprit ; bientôt vous cesserez d'être Traducteur, & vous deviendrez un autre lui-même ; je voudrois pouvoir me flater de ne devoir cet Ouvrage qu'à l'heureuse conformité de ma façon de penser avec celle de mon Auteur : mais qui oseroit le traduire, si pour y réussir il falloit lui ressembler ?

A l'exception de Mme Dacier, peut-être trop intéressée sur cette matiere, pour qu'on doive s'arrêter à son témoignage, il me paroît que

---

* And chuse an author as you chuse a friend,
United by this sympathetik bond,
You grow familiar, intimate, and fond,
Your Thoughts, your words, your stiles, your
   souls agree,
No longer his interpreter, but he.

les Sçavans conviennent assez qu'on ne peut traduire les Poëtes qu'en Vers. La seule expérience suffit pour nous en convaincre. Je m'étendrai d'autant moins là-dessus, qu'un homme célébre qui nous-rappelle ces Sçavans Magistrats, qui parurent à la renaissance des Lettres, vient dans un (a) Ouvrage nouveau de prouver par de solides raisons, & même par son propre exemple, que les Vers seuls peuvent nous rendre une partie du génie & du caractere de ceux qui ont écrit en Vers; mais ce qui me semble vrai des Poëtes en général, je le crois principalement vrai des Poëtes Anglois. A peine notre Poësie pourroit-elle en certaines occasions trouver des couleurs assez fortes, pour rendre la hardiesse des pensées & des expressions qu'ils hazardent dans leur Prose: comment donc,

(a) Voyez la Préface & la Traduction en Vers du Poëme de Pétrone sur la Guerre Civile, par M. le Président Bouhier.

si nous ne nous servions de tout l'avantage que nous donne la liberté, & l'élévation du tour Poëtique, comment seroit-il possible de donner quelque idée de leur Versification, qui renchérit encore de beaucoup sur leur Prose ?

De l'aveu de tous ceux qui l'entendent, il n'y a rien de si concis que la Langue Angloise. C'est en cela que les Ecrivains de ce Pays font principalement consister sa beauté, & ce qui les détermine à lui donner la préférence sur la nôtre ; l'illustre Auteur que j'ai déja cité, & qui est regardé comme un des grands Critiques de sa Nation, avoue * que la Langue Françoise est abondante, fleurie, agréable à l'oreille ; il ajoûte qu'elle a peut-

---

* Tis Copious florid, pleasing to your ear, With softeness more perhaps than ours can bear. But Who did euer in French authors see The comprehensiue Inglish energy ? The Weighty bullion of one sterling line Drawn to Franchwire, woud through whole page shine. *Roscom.* ibid.

être

être même plus de douceur que l'Angloise: mais en récompense il défie qu'on lui montre jamais dans aucuns de nos Ouvrages cette force, & cette énergie Angloise, qui en peu de mots comprend tant de choses. Un trait, dit-il, une pensée que nous renfermons dans une ligne suffiroit à un François pour briller dans des pages entieres.

On diroit que M. Pope ait affecté de soutenir la gloire de sa Nation sur ce point. Je ne dissimulerai pas même, qu'il est accusé d'avoir voulu la porter un peu trop loin. Je ne connois point d'Auteurs parmi les Anciens ou les Modernes qu'on puisse lui comparer pour la briéveté du style, ni qui renferme tant de choses en si peu de mots. Aussi faut-il avouer qu'il fait quelquefois un peu trop d'honneur à la pénétration de ses Lecteurs. Il en est par cette raison de plusieurs morceaux de l'*Essai sur l'Homme*, comme de ces desseins des Grands Maîtres, qui ne font qu'au premier trait. Ils ont un caractere de force & de hardieſſe qui charme les Connoiſſeurs, mais qui échappe au commun des Hommes. Des traits que les premiers trouvent admirables, ne paroiſſent que durs & que groſſiers aux ſeconds; ils ne peuvent s'empêcher de croire que les Curieux ne voyent dans ces eſquiſſes beaucoup au-delà de ce qui y eſt réellement. S'il y a de tems en tems dans les deux Poëmes que je traduits, quelques phraſes qu'on en pourroit retrancher comme ſuperflues, ou même comme répétées, il eſt impoſſible de trouver un ſeul mot d'inutile dans ces phraſes. Car pour le dire en paſſant, il faut bien diſtinguer la préciſion des penſées d'avec la préciſion des mots. Nos Critiques ne diſputeront pas la ſeconde aux Anglois, mais je doute qu'ils leur accordent la premiere.

Quoi qu'il en ſoit, la Poëſie dont le tour eſt plus preſſé, plus indépendant des liaisons, & moins asservi aux contraintes de la construction, m'a paru seule capable de répondre en quelque sorte à cette briéveté. J'aurois désiré qu'il m'eût été permis de ne prendre dans ces Traductions que les libertés que l'Auteur eût été obligé de prendre, s'il avoit voulu lui-même se traduire en François; mais l'avis unanime de ceux que j'ai consultés, & même de plusieurs Anglois qui sçavent parfaitement leur Langue & la nôtre, m'a forcé d'en user autrement. Quelque belles que soient les choses, nous y voulons absolument de l'ordre. C'est même ce qui distingue nos Ouvrages de ceux de tous nos Voisins, & presque le seul talent qu'ils ne nous disputent pas. J'ai déja averti que M. Pope n'avoit pas cru devoir s'y astreindre dans l'*Essai sur la Critique*; je me suis donc trouvé dans la nécessité de diviser ce Poëme en quatre Chants, de rapprocher des idées trop éloignées,

& de recoudre certains morceaux qui paroissoient détachés de leur tout.

Dans l'*Essai sur l'Homme*, il y a au fond plus d'ordre, quoiqu'il ne paroisse pas d'abord extrêmement sensible à ceux qui sont accoutumés à la régularité méthodique de nos Traités en Prose; mais on sçait que la Poësie n'admet point un arrangement trop compassé de divisions, de preuves, d'objections & de réponses. Cet assujétissement la feroit languir, lui ôteroit sa vivacité, & sur-tout cet air de liberté qui caractérise les Poëtes. Mais s'il leur est permis de passer d'une idée à l'autre sans recourir aux transitions; s'il n'est pas nécessaire que leurs pensées soient toujours liées entre elles par la force de l'expression, il faut du moins qu'elles le soient par la force du sens, & par l'enchaînement des matieres. Ainsi, dans les occasions où il m'a paru que M. Pope s'écartoit un peu trop de ce principe, sans examiner si les Etrangers ont tort de nous reprocher *que nous sommes des Enfans qu'il faut mener par la main*, je me suis crû obligé de m'accommoder sur ce point, ou à notre foiblesse, ou à notre exactitude. Mais pour mettre dans ces deux Poëmes toute la méthode que nous y souhaiterions, il auroit fallu renoncer à la qualité de Traducteur, & les refondre entierement : Cependant, c'est encore moins la maniere dont les Anglois expriment & arrangent leurs idées, qui m'a obligé d'y faire plusieurs changemens assez considérables, que la diversité qui se trouve entre leur façon de concevoir les choses, & la nôtre.

Ce qui vient des Etrangers, dit Aristote dans sa Rhétorique, paroît admirable; & tout ce qui paroît admirable, plaît & réjouit. Cette pensée, si elle est vraie, ne peut trouver son application parmi nous. Soit amour de Nation, ou, comme il nous plaît de l'appeller, amour du bon goût, on nous accuse de vouloir tout ramener au nôtre ; & il faut avouer que l'air étranger, loin de nous plaire, est souvent un fâcheux préjugé contre tout ce qui en porte le caractere. Comme en cela nous nous laissons plûtôt conduire par sentiment que par raison, il n'y a guéres que le tems & l'habitude qui puissent effacer ces impressions. Mais l'un & l'autre agissent lentement, & presque toujours sans que nous nous en appercevions.

Depuis la derniere Paix nous commençons, il est vrai, à nous familiariser avec les Anglois. La plûpart de ceux qui se piquent de bel esprit ou de science, se croyent à présent obligés d'apprendre leur Langue. Leurs illustres Ecrivains ne nous sont plus inconnus ; & si quelques-uns de nos Auteurs pouvoient être soupçonnés de les entendre, on seroit tenté de croire que ce seroit d'eux qu'ils auroient appris à faire un usage commun des mots les plus extraordinaires, à rafiner sur les sentimens du cœur, à mettre dans tous ses mouvemens des différences imperceptibles, & à former de tout cela un jargon presque aussi Métaphysique, & aussi inintelligible que celui de l'Ecole. Mais cette espece de liaison est encore trop récente, pour me persuader que nous soyons bien disposés à sympathiser ensemble, & il est étonnant qu'étant si voisins, nous soyons si éloignés de goût & de sentimens. Nous nous accommoderions encore mieux du caractere des Italiens. Les uns & les autres ont à la vérité, par rapport à nous, quelque chose de très-singulier dans leur façon de penser ; mais avec de grandes différences qu'il n'est pas inutile de remarquer, pour mettre le Lecteur plus au fait des Ecrivains Anglois.

L'Italien emporté par le feu & par la vivacité de son imagination, s'évapore pour ainsi dire, & nous donne comme la fleur de son esprit ; l'Anglois rentre en lui-même, & tire tout de la profondeur de son génie. Les pensées du premier ne paroissent qu'ingénieuses; celles du second ne paroissent que solides. Les unes perdent à l'examen ; les autres y gagnent communément. Les pensées des uns surprennent par leur nouveauté, mais il semble en même tems qu'on auroit pû les imaginer aisément. Celles des Anglois ont, je ne sçai quoi, de si extraordinaire & de si abstrait, qu'on a peine à comprendre comment elles ont pû se présenter à leur esprit. Tous deux tombent souvent dans le bas & dans le puéril ; mais vous diriez que l'Italien s'y laisse aller par légereté, & que l'Anglois s'y précipite par réflexion. L'Italien ne peut s'empêcher de mêler quelque chose de comique & de burlesque dans son sérieux ; l'Anglois au contraire conserve toujours un certain

air

air rêveur & férieux jufques dans fon comique. Le premier vous éblouit d'abord ; mais lorfqu'on le regarde de près, on n'y trouve fouvent que du faux, ou, comme on l'a dit, du clinquant. Le fecond vous donne réellement de l'or, mais de l'or tel qu'il fort de la Mine, fans couleur, fans éclat, & mêlé de beaucoup de matieres étrangeres. Enfin, l'Italien réjouit & amufe agréablement l'imagination ; mais il eft rare qu'il inftruife. L'Anglois veut toujours inftruire : il y réuffit même affez fouvent ; mais il occupe & fatigue fi fort l'efprit, qu'on fort de fa lecture, comme de la compagnie de ces Sçavans réfervés & fentencieux, qui gênent & qui laffent dans le tems même qu'on les admire.

Tels font, fuivant nos idées, les rapports & les différences qui fe trouvent en matiere d'efprit dans ces deux Nations. Il fuffit que la peinture que je viens d'en faire, convienne au plus grand nombre de leurs Auteurs, pour que les particuliers qui se sont élevés au-dessus du génie qui regne parmi eux, n'ayent pas lieu de s'en plaindre. Comme tous ceux d'une Nation ne peuvent pas se flater d'avoir les avantages qu'on lui attribue, de même il seroit injuste de prétendre que tous en eussent les défauts. De semblables portraits sont toujours sujets à de grandes exceptions. C'est avec la même précaution que je souhaite qu'on lise ce que la nécessité où je me suis trouvé de toucher à plusieurs endroits de mon Auteur, m'oblige de dire encore sur le goût des Anglois en opposition avec le nôtre.

Ils aiment à donner à penser jusques dans leurs moindres Ecrits, & croient faire plaisir au Lecteur de lui laisser toujours quelque chose à deviner. Nous voulons qu'on nous épargne la peine de la recherche, & trouver tout sans qu'il en coûte rien à notre empressement. Ils imitent très-heureusement la nature ; mais semblables aux Peintres Flamands, peu délicats sur le choix de la belle nature, tout ce qui la représente dans le vrai leur plaît ; nous y souhaitons du choix ; & malgré la finesse & la correction du pinceau, nous blâmons l'Ouvrier, si son sujet n'est pas noble & grand. Plus attentifs au fond des choses qu'à la maniere de les exprimer, pourvû que leurs pensées soient rendues avec force & avec netteté, ils prétendent qu'on doit être satisfait. Pour nous, accoutumés à confondre la beauté du style avec la beauté du sens, nous donnons souvent plus d'attention au tour de la pensée, qu'à la pensée même. Ce qu'ils appellent simple, naïf & familier, est presque toujours regardé parmi nous comme bas, grossier & trivial (*a*). Ils conviennent que nous

(*a*) C'est le sentiment du célébre Waller dont j'aurai occasion de parler ailleurs. Il n'en exceptoit que Corneille, comme on le peut voir dans une Lettre de S. Evremont au même Corneille.

parlons & que nous écrivons bien ; mais en même tems ils soutiennent que nous ne sçavons pas penser. De notre côté nous leur reprochons que leurs pensées sont si alambiquées, tirées de si loin & si subtiles, qu'elles ne font qu'embarrasser l'esprit sans l'éclairer. Ils assurent que nous n'avons aucune des parties qui forment le Poëte, & disent (*a*) nettement que nous ne pouvons prétendre à la gloire de l'être. Nous convenons qu'ils ont du feu, mais un feu sombre, qui répand plus de fumée que de lumiere ; qu'ils ont de l'imagination, mais de cette imagination qui tient plus des noires rêveries d'un Mélancolique, que

Et en général si les Anglois lisent & pillent même souvent Racine, Moliere, la Fontaine, Regnier, Despréaux, &c. il est certain qu'ils les regardent plûtôt comme de grands Ecrivains, que comme de grands Poëtes.

(*a*) Nos Compatriotes, dit le C. de Bolimbroke, écrivant au sieur Prior, sont aussi mauvais Politiques, que les François sont mauvais Poëtes. *Report of the committee appointed for*, &c. page 339.

des vives saillies d'un génie heureux & fécond ; que leur style est fort & élevé jusqu'à l'enthousiasme, mais aussi nous leur appliquons ce mot de Pétrone, vous parlez plus en Poëtes qu'en Hommes, *plus Poeticè quàm Humanè locutus es* ; & nous disons d'eux en particulier ce que le Duc de Boukingham dit de tous les Poëtes en général :

(a) *Pour un seul inspiré, dix seront possedés.*

Le Chevalier Temple, dans ses Essais, empruntant le langage de la Médecine, appelle l'Angleterre *la Région de la Rate*. Et M. Addisson avoue que ses Compatriotes sont naturellement imaginatifs. Ce tempérament sombre & atrabilaire, dit-il (*b*), qui est si commun dans notre

(*a*) For ten Inspir'd, ten thousand are possest. *Essay upon. Poetry.*

(*b*) Inglish are naturally fanciful, and very disposed by that gloominess and melancholy of temper, wich is so frequent in our Nation to many wild notions, and visions to wich others are not soliable. *Spec.* 419.

Nation, nous jette dans une infinité de visions & d'idées bizarres, auſquelles les autres Nations ne ſont pas ſi ſujétes : delà vient, ſelon ce grand génie, le goût qu'ils ont pour les Allégories ; & rien ne nous empêche auſſi d'y rapporter cette multitude de comparaiſons juſtes à la vérité, mais trop recherchées, qu'ils entaſſent dans leurs Ouvrages, de quelque nature qu'ils ſoient ; mais le François né vif & impétueux, s'impatiente de tout ce qui l'arrête dans ſa courſe : il tend toujours à ſon objet, & traite d'importun & de frivole tout ce qui paroît l'en éloigner. L'Anglois, qui joint à un génie vaſte & profond une facilité ſurprenante pour l'invention, ne peut ſe captiver dans les bornes d'une juſte exactitude ; il hazarde ſouvent des choſes qui n'ont ni régle ni meſure, & tient pour maxime, qu'un Poëte ne doit reconnoître d'autre Maître qu'Apollon, c'eſt-à-dire en bon François, ſon imagination. Pour nous, qui penſons qu'il eſt moins honteux à l'Homme de ſe laiſſer conduire que de s'égarer, nous prenons volontiers les Anciens pour guides ; & comme nous nous croyons obligés de nous ſoumettre aux régles, il n'eſt pas facile de nous perſuader, qu'il y ait dans le monde aucune Nation aſſez privilégiée pour être en droit de s'en diſpenſer.

Il ne m'appartient point de décider ſur ce qu'il y a de juſte ou d'outré dans ces accuſations ; encore moins de vouloir balancer les avantages que nous prétendons avoir ſur nos voiſins, non plus que ceux par leſquels ils ſe glorifient de l'emporter ſur nous. Je ne ſçai même s'il y a perſonne qui puiſſe ſe flater d'être aſſez affranchi des impreſſions de l'habitude & des préjugés de l'éducation, pour oſer le faire. Mais qu'on prouve ſi l'on veut que ſouvent la ſageſſe & la circonſpection de nos Auteurs dégénére en timidité ; que ce qui nous paroît téméraire, n'eſt que hardi, que nous appellons licence, ce qui mérite le nom de généreuſe liberté, & que cette extrême retenue que nous nous impoſons ſur les idées & les expreſſions communes & ordinaires, vient d'une fauſſe délicateſſe qui énerve nos Ecrits, loin de les embellir ; quand tout cela ſeroit évidemment prouvé, nos Ecrivains n'en conclueront jamais qu'il leur ſoit permis de bleſſer ouvertement les Loix qu'ils trouvent établies. C'eſt à eux de s'y conformer juſqu'à un certain point, & de conſerver ce qu'elles peuvent avoir de bon, ſans chercher à plaire par ce qu'elles ont de défectueux. S'il eſt permis de flater les Hommes ſur leurs foibles, ce ne peut être qu'en vûe de les en guérir & de les ramener au bon ſens. Notre Langue ne manque point de force, c'eſt nous ſeuls qui en manquons, & qui ne ſçavons pas la faire valoir. L'air mâle

& nerveux, les heureuses hardiesses, les tours vifs & énergiques, & cette vigueur de pensées que les Etrangers admirent avec nous dans Montagne, la Bruyere, & sur tout dans feu M. Bossuet Evêque de Meaux, le prouvent invinciblement. Cependant, quoique ce soit par pure foiblesse qu'un Malade ait certains dégoûts & certaines répugnances, sur lesquels il semble qu'il ne puisse se vaincre, aussi longtems que dure l'indisposition qui les produit, il y a de la folie & de la dureté à n'y point avoir égard; mais il y en auroit encore davantage à les entretenir par une condescendance excessive.

C'est M. Pope lui-même qui m'a fourni ce principe; il sera donc assez généreux pour me pardonner de m'en être servi quelquefois contre lui. Au reste, s'il m'est arrivé de diminuer la grandeur de ses pensées, c'étoit uniquement pour les mettre à la portée de nos esprits. Si je n'ai pas craint d'exprimer naturellement ce qu'il relevoit par une métaphore, ni de retrancher plusieurs de ses images & de ses comparaisons, je déclare que c'est beaucoup moins parce qu'elles m'ont paru répréhensibles, que par l'impossibilité où je me suis trouvé de les faire goûter au commun de nos Lecteurs.

Et pour en donner un exemple, qui mérite peut-être quelque attention, à cause des conséquences qu'on en peut tirer, dans le dessein de jetter plus de ridicule sur certains Critiques, qui déchirent impitoyablement les Poëtes, après avoir travaillé sans succès à le devenir, l'Auteur, dans l'*Essai sur la Critique*, emploie cette comparaison: *Ainsi*, dit-il*, *de notre tems les Apoticaires, à force de voir les ordonnances des Médecins, appren-*

---

* So Modern 'Pothicaries taught the art
By Doctors bills to play the Doctors' part,
Bold in the practice of mistaken rules,
Prescribe, apply, and call their masters fools.

nent l'Art d'en jouer le rôle, & mettent hardiment en pratique des maximes qu'ils prennent mal: ils ordonnent, ils décident, & traitent ensuite leurs Maîtres d'ignorans. Cette image plaît aux Anglois: tous les François que j'ai consultés la trouvent choquante. Il est bon de remarquer cependant que le mot Anglois *Apothicary*, est tiré du Grec, comme notre mot François Apothicaire, & qu'à l'exception de la terminaison, il sonne précisément de la même maniere. Cela supposé, il n'y a pas moyen de dire qu'il soit moins noble, ou plus propre dans l'une ou dans l'autre Langue, à reveiller certaines idées dégoûtantes, que le vulgaire attache à cette Profession. Reste donc que la différence vienne de la diversité du caractere des deux Nations, dont l'une regarde comme noble, ou du moins comme indifférent tout ce qui entre dans le commerce de la vie, dès qu'il a quelque utilité,

& qu'il n'a rien de contraire aux premieres impressions de la nature : au lieu que l'autre s'est accoutumée à considerer comme basse toute expression destinée à signifier des actions ou des emplois qui ne conviennent point en public à des personnes d'un rang distingué.

Et c'est-là, s'il m'est permis de le dire, la seule véritable raison pour laquelle Homere a pû, sans rien perdre de sa dignité, descendre dans des détails, qui rendroient aujourd'hui nos Poëtes ridicules. Puisque de son tems, comme dans celui des Patriarches, les Rois & les Princes tuoient les animaux qu'ils devoient manger, & préparoient eux-mêmes leurs repas; qu'ils atteloient leurs chevaux à leur char; que leurs Fils gardoient les Troupeaux, & que de leurs propres mains les Princesses lavoient leurs linges, & alloient puiser de l'eau aux Fontaines publiques : les termes dont on usoit pour peindre ces actions, & le nom des divers inſtrumens qu'on y employoit, n'avoient alors rien de bas, parce qu'ils participoient en quelque façon à la nobleſſe des perſonnes qui s'en ſervoient. Mais au contraire, la baſſeſſe de la plûpart de ceux qui exercent aujourd'hui parmi nous les Arts Méchaniques, fait que nous attachons inſenſiblement des idées baſſes aux mots François qui les expriment. Il n'eſt donc pas étonnant que les Sçavans ne joignent pas les mêmes idées à des expreſſions Grecques & Latines, que non ſeulement ils n'entendent jamais prononcer dans les rues & dans les Boutiques par des perſonnes de la lie du Peuple; mais qu'ils ne rencontrent encore que dans des Livres anciens & reſpectés. On peut dire cependant que chez les Anciens ces mots ont quelque choſe de plus ſonore & de plus harmonieux, que dans la plûpart des Langues vivantes; mais cet avantage ne peut servir qu'à rendre le style plus doux ou plus nombreux. Un Vers dont la cadence frappe agréablement l'oreille, peut d'abord séduire l'esprit ; mais cette illusion se dissipe bientôt ; & quelque belle qu'on suppose une Langue, il est impossible, comme certains Critiques ont voulu nous le persuader, qu'elle donne jamais par elle-même de l'agrément & de la noblesse aux plus petites choses.

Cette réflexion prouve évidemment que ce n'est point la faute de notre Langue, mais plûtôt la nôtre : ou, si les Etrangers veulent nous en croire sur notre parole, l'élévation & la délicatesse de notre génie, qui bannit de tous les Ouvrages polis une infinité de choses, qui fournissoient aux Grecs & aux Latins des descriptions si variées & si touchantes, & que nous lisons encore avec plaisir chez la plûpart de tous nos voisins.

Chaque Nation se croit en possession de la meilleure maniere d'écrire, & s'estime souvent par les mêmes raisons, qui font que les autres la méprisent. Toutes ont du moins, lorsqu'on les attaque vivement, une réponse qui sembleroit devoir arrêter le Censeur le plus déterminé, c'est de dire qu'on ne les entend point. L'Abbé Fontanini (*a*), moins estimable encore par sa vaste érudition, que par la justesse de son goût, bien loin de souscrire à la Censure que le P. Bouhours, dans sa maniere de bien penser, à faite des Auteurs Italiens, soûtient qu'il ne les condamne, que parce qu'il les connoît mal, & il ne craint point d'assurer que tout (*b*) Etranger est incapable de juger des autres Etrangers, parce qu'il est élevé

―――――――――――――

(*a*) Depuis nommé Archevêque Titulaire d'Ancyre, mort à Rome en 1736.

(*b*) Ogni forastiere non é atto a giudicar degli altri stranieri, perche egli é nudrito dell' altera opinione delle cose proprie, e del conto leggierissimo delle altrui. *Lettera sulla eloquenza Italiana.*

dans une haute opinion des choses de son Pays, & qu'il n'a qu'une connoissance très-imparfaite de celles des autres.

On ne peut se dissimuler que ce principe ne soit vrai jusqu'à un certain point. Mais si l'équité nous défend quelquefois de juger des Etrangers, parce qu'étant éloignés d'eux, nous ne les connoissons pas assez, ne pourroit-on pas dire qu'il ne nous est pas plus permis de prononcer sur nos propres Auteurs, par la seule raison que nous vivons au milieu d'eux ? Quand on est trop loin d'un objet, on ne le voit que confusément, & rarement tout entier : quand on en est trop près, on ne voit que lui ; il offusque la vûe, & dès-lors on ne peut le comparer avec les autres. Qu'on m'assigne donc un juste milieu, où l'on n'ait à craindre aucuns de ces deux inconvéniens, lorsqu'il sera question de juger entre les Etrangers & nous.

D'un autre côté, le même orgueil
qui

qui aveugle chaque homme en particulier, fascine en général les yeux de toute la Nation. Chacun se croit obligé d'en soutenir la gloire ; un intérêt secret se met de la partie, & nous persuade aisément que le Pays où nous sommes nés l'emporte sur tous les autres. On le croit de bonne foi ; & le préjugé devient si fort, qu'on ne peut plus le distinguer de la raison. C'est en vain que ceux d'un avis contraire ; après s'être épuisés en raisonnemens, en appellent au sentiment; l'opinion vient à bout avec le tems de prendre chez nous la place de la nature. Ce que les autres ne peuvent lire sans peine dans nos Ouvrages, nous donne un véritable plaisir ; parce que nous sommes assez heureux pour en trouver à tout ce que nous voulons. Ainsi quand on aime une chose, il est toujours vrai de dire, qu'on sent qu'elle est aimable ; mais d'en conclure qu'elle le soit réellement, ce seroit renoncer à toutes les lumieres du bon sens, & de l'expérience.

Où trouver donc un Arbitre assez éclairé & assez impartial, pour prononcer entre la raison & l'amour propre? Personne ne peut être Juge dans sa propre cause, encore moins en matiere de bel esprit, où il est plus aisé de se faire illusion que dans toute autre. Rien d'ailleurs de plus équivoque, que ce qu'on appelle goût : la distinction du nécessaire & de l'arbitraire sur ce point, échappe aux génies les plus pénétrans. Ne sçait-on pas que dans tous les tems les plus grands Critiques ont porté des Jugemens entierement opposés. Ciceron, quelqu'excellent Connoisseur qu'il fût d'ailleurs, regarde Plaute (*a*) comme le modéle de la fine plaisanterie, & lui trouve une délicatesse particuliere pour les rencontres in-

_____
(*a*) Duplex est jocandi genus.... alterum elegans, urbanum, ingeniosum, facetum, quo genere Plautus noster refertus est. *Cic. Off. L.* 1.

génieuses. D'un autre coté (a), Horace, qui semble avoir recueilli tout le bon goût du siécle d'Auguste, avance sans crainte d'en être desavoué, que ses Ancêtres avoient été assez bons, ou plûtôt assez sots pour applaudir aux pointes de ce Comique. Un Ancien avoit dit qu'il n'étoit pas étonnant que le fameux Temple d'Ephése eût été brûlé la même nuit qu'Alexandre vint au monde, parce que Diane étoit pour lors occupée à veiller sur la mere de ce Prince. Le même Cicéron, qui rapporte ce mot (b), ajoûte qu'il le trouve très-juste & très-agréable, *concinnè ut multa Timæus*.

(a) At nostri proavi Plautinos & numeros, & Laudavere sales, nimium patienter utrumque, Ne dicam stultè mirati, si modo ego & vos Scimus inurbanum lepido seponere dicto. *Horat. Art. Poët.*

(b) Qui cum in historia dixisset quâ nocte natus esset Alexander Dianæ Ephesiæ Templum deflagravisse, adjunxit id minimè esse mirandum, quòd Diana cum in partu Olympiadis adesse voluisset, abfuisset domo. *Cic. L. 2. de Nat. Deor.*

&c. Si l'on en croit Plutarque,* de tous les Historiens les plus judicieux, cette pensée est si froide, qu'elle eût été capable d'éteindre l'incendie.

Il est vrai que tous les Hommes estiment Virgile, Horace, Cicéron, Tite-Live, Salluste, Tacite, &c. Les Italiens admirateurs du Tasse, & les Anglois partisans de Milton, se réunissent à aimer l'Iliade & l'Enéïde. Mais d'un autre côté, il est constant que cette approbation, toute générale qu'elle paroît d'abord, tombe beaucoup moins sur les divers morceaux qui composent ces excellens Ouvrages, que sur le tout qui en résulte. C'est en ce point seul que conviennent tous les Hommes ; mais rien de plus étrange, & souvent de plus contradictoire que les jugemens qu'ils portent en particulier les uns

* Ὡς ἠγνόίας ὁ μάγνης ἐπεφώνηκεν ἐπιφώνημα κατακέσαι τὴν πυρκαϊὰν ἐκείνην ὑπὸ ψυχρίας ὑγάμενον. Vita Alex.

sur le style, & les autres sur les pensées de ces célébres Auteurs. Ajoûtez à cela, que pour la plûpart ils n'ont pas été tout d'un coup en possession de cette haute réputation dont ils jouissent à présent. Il leur a fallu des siécles entiers pour vaincre le mauvais goût ou l'envie de leurs Contemporains. Le tems seul a pû mettre le sceau à la bonté de leurs Ecrits. Sans parler des Anciens, les assauts que le Tasse eut à soutenir de la part des Critiques dans son propre Pays, & l'obscurité où le Poëme de Milton, aujourd'hui si fameux, a été longtems enseveli parmi les Anglois même, ne sont que des preuves trop convaincantes de la foiblesse de l'esprit humain, & de l'incertitude de ses jugemens.

En faut-il davantage après les exemples qu'on vient de voir, pour apprendre aux hommes à suspendre leur sentiment, non seulement sur les Auteurs que la nature semble avoir mis hors des bornes de leur jurifdiction, mais même fur leurs propres Compatriotes, qui paroiffent plus de leur compétence ? En attendant qu'il s'éleve quelque génie extraordinaire, dont l'autorité foit fi bien établie parmi toutes les Nations, que fes avis foient des Loix, dont il ne foit plus permis d'appeller; le parti le plus fage & le plus équitable ne feroit-il point d'en ufer avec les Etrangers, comme Quintilien (a) veut que les Modernes en ufent avec les Anciens ? Si nous n'avons point de titre inconteftable qui nous affure le premier rang dans la République des Lettres, ils font auffi dans l'impuiffance d'en alléguer aucun qui nous force à le leur céder. Ils ont fans doute leurs perfections & leurs défauts, comme nous avons les nôtres, & peut-être dans un mélange

(a) Modefte tamen & circumfpecto judicio de tantis viris pronuntiandum eft, ne, quod plerifque accidit, damnent quæ non intelligunt.

égal. Rien ne nous empêche d'en dire notre fentiment; mais on ne fçauroit le faire avec trop de réferve, ni trop de retenue, de peur qu'il n'arrive quelquefois de les condamner, ou même de les approuver parce qu'on ne les entend pas. Le bon fens ne voudroit-il pas encore que dans ces occafions on s'attachât plûtôt au deffein & à la compofition de tout l'Ouvrage, qui doivent être les mêmes en tout tems, & en tout Pays, qu'aux ornemens de chaque partie, qui ne font point fondés fur dès principes invariables, & qu'on pourroit comparer à des modes indifférentes en elles-mêmes, qui n'obligent que ceux parmi lefquels elles font reçûes?

A l'égard de nos propres Auteurs, fi le torrent de la coutume ne doit jamais les contraindre à forcer leur ftyle & leur efprit, pour furprendre le Lecteur par des Epithétes rares & imprévûes, ou pour semer leurs Ecrits d'Antithéses, dont toute la beauté consisteroit dans le choix & dans l'arrangement des mots ; quoiqu'ils doivent encore moins s'assujétir à quitter le solide pour le brillant, l'utile pour l'agréable, & le vrai pour le spécieux, on ne peut disconvenir cependant qu'ils ne soient dans l'obligation de se conformer en quelque façon au goût de la Nation qui doit les lire, & par conséquent les juger. La seule précaution qu'ils aient à prendre, est de s'en approcher assez, pour qu'on ne puisse pas les accuser de s'en trop éloigner.

Et comme malgré toute la raison, l'Homme se trouve souvent dans la malheureuse nécessité de se conduire par préjugé, & que toute sa sagesse ne va communément qu'à choisir entre les bons & les mauvais, il paroît qu'il n'en est point de plus raisonnable, ni de moins honteux que le préjugé de tous les âges & de toutes les Nations

tions qui nous porte à regarder les grands Auteurs de l'Antiquité, comme les seuls modéles qu'on doive se proposer. Ce respect ne doit point aller jusqu'à nous persuader que tout soit de la même force & de la même beauté dans leurs Ecrits. Mais si par un principe de reconnoissance, on ne se croit pas permis de les accuser du moindre défaut, il est, selon M. de la Motte (*a*), un moyen de conserver leur réputation sans faire tort à la sienne : c'est de suivre l'exemple de leurs plus grands Défenseurs, qui se gardent bien de les imiter en certaines choses, quoiqu'ils trouvent toujours des raisons ingénieuses pour les justifier de tout ce qu'on leur reproche.

Si quelqu'un, meilleur François sans doute que Critique, s'imaginoit que dans ce que je viens de dire, je n'ai pas assez soutenu la gloire de la Nation, je lui répon-

(*a*) Discours sur la Poësie.

drois avec M. de Voltaire, (a) que le véritable amour de la Patrie consiste à se montrer fidèles Sujets & bons Citoyens ; mais que disputer seulement sur les Auteurs de notre Nation, nous vanter d'avoir parmi nous de meilleurs Poëtes que nos voisins, ce seroit plûtôt sot amour de nous-mêmes, qu'amour de notre Païs.

On sent qu'il reste encore beaucoup de choses à dire sur des matieres si importantes, & sur lesquelles il est si difficile de fixer les esprits. Peut-être que je pourrai un jour les développer avec plus d'étendue ; mais je croi en avoir assez dit pour mettre le Lecteur en état de profiter de l'Ouvrage que je lui présente, & sur-tout pour me justifier de ne m'être point renfermé dans les bornes d'une Traduction réguliere.

Je conviens qu'il seroit ordinairement à souhaiter que les Traduc-

(a) Traduction de son Essai sur le Poëme Epique.

teurs se regardassent *comme ayant les mains liées*, que sans égard à leur goût & à leurs préjugés particuliers, ils s'attachassent à nous faire connoître un Ouvrage tel qu'il est; en un mot, qu'ils cherchassent moins à plaire, qu'à nous faire connoître ce qui plaît à la Nation pour laquelle leur Auteur a travaillé. Ces sortes de Traductions (*a*) auroient leur utilité, en ce qu'elles ne déguiseroient point le goût ni le caractere des Ecrivains Etrangers, & qu'elles conserveroient à chaque Auteur son air propre & naturel, & jusqu'à ses défauts mêmes.

Rien ne seroit plus utile, ou du moins plus curieux, je l'avoue; mais s'il faut le dire, rien ne me paroît moins possible, sur-tout lorsqu'il s'agit d'un Poëte, tel que celui dont il est question. L'expression n'est-elle pas l'ame de la

---

(*a*) Voyez le Journal des Sçavans, sur la Traduction de l'Essai sur l'Homme, par Mr. D. S. mois d'Avril 1736.

Poësie ? & faites-vous connoître le Poëte, si vous ne faites connoître son expression ? Vous ne pouvez même souvent rendre ses pensées ; ne tiennent-elles pas presque toujours à l'expression ? Changez-la dans les pensées de nos meilleurs Poëtes François, vous leur ôtez ce qu'elles ont de sublime & de frappant ; je n'y vois plus que des vérités triviales que j'approuve, il est vrai, mais que je ne puis admirer. Vous me présentez le Squelette du Poëte ; mais vous ne me donnez pas le Poëte même.

La Prose, dit un célébre Critique, peut rendre exactement le fonds de la pensée ; mais elle ne peut exprimer, ni l'énergie, ni les agrémens qui dépendent de l'arrangement & du choix des mots, de la mesure, de la cadence, de l'harmonie ; & il soutient qu'il est aussi impossible à un Traducteur François de nous mettre en état d'apprécier le mérite d'Homere & de

Virgile en qualité de Poëtes, qu'à un Graveur de nous donner dans une Eſtampe une juſte idée du talent que le Titien ou le Carrache avoient pour la Peinture.

Ce que l'Auteur des Obſervations ſur les Ecrits Modernes dit * des Poëtes Grecs & Latins, il l'eût dit à plus forte raiſon des Poëtes Anglois, puiſqu'il y a plus loin de leur façon de penſer, & de s'exprimer à la nôtre, qu'il n'y a loin de la nôtre à celle des Grecs ou des Latins. Auſſi quelqu'eſtimables que ſoient les Traductions que Mr. D. S. nous a données de l'*Eſſai ſur l'Homme*, & de l'*Eſſai ſur la Critique*, ceux qui entendent également l'Anglois & le François, diſent ouvertement, qu'il eſt impoſſible d'y reconnoître M. Pope. S'ils y retrouvent le Philoſophe, ils n'y retrouvent preſque jamais le Poëte.

Mais ſera-t'on plus en droit de

* Tome 3. Lettre 40.

décider sur ma Traduction du goût & du caractere particulier qui régne dans la Poësie de M. Pope? C'est ce que je suis bien éloigné de penser. Je suis persuadé au contraire qu'une partie de ce que j'ai avancé contre les Traductions en Prose, peut retomber sur les Traductions en Vers. Je veux que celles-ci puissent jusqu'à un certain point, nous rendre l'esprit, le feu, la hardiesse, la force & l'imagination qui feront admirer l'Original ; mais quels sont les traits particuliers qui caractérisent cet esprit, ce feu, cette hardiesse, cette force, cette imagination? C'est ce que la seule connoissance de la Langue, dans laquelle il est écrit, peut apprendre, & ce qu'on ne peut raisonnablement éxiger d'aucun Traducteur.

Il a paru en 1717, un Poëme en cinq Chants, imprimé à Londres & à Amsterdam, sous le titre d'*Essai sur la Critique*, imité de M.

Pope ; mais le Sieur Robeton Conseiller, & Secretaire Privé du feu Roi d'Angleterre, qui en est l'Auteur, s'est si fort approprié les pensées de son Modéle, & les a tellement habillées à la Françoise, ou plûtôt à sa maniere, qu'elles n'y sont presque plus reconnoissables. Il est même étonnant qu'avec de si excellens matériaux, ce qui est la moindre louange qu'on puisse donner à l'Essai de M. Pope, il n'ait rien fait de plus juste ni de plus achevé. Il a tous les défauts qu'un François trouveroit dans l'Original Anglois, & en a rarement les beautés. *On ne peut juger*, disent les Journalistes de Trévoux, * *si ce Poëme est fait pour apprendre l'Art de composer une Piece d'esprit sans défauts, ou l'Art de critiquer les défauts d'une Piece d'esprit. Il jette au hazard*, continuent-ils, *quelques réflexions sur les Auteurs & sur les Critiques de toutes les Na-*

* Mémoire pour le mois d'Août 1717.

tions ; mais sur tout de la sienne. Il le fait cependant quelquefois avec esprit, mais jamais avec ordre & avec jugement. Si un Essai en Vers ne demande pas autant de méthode, qu'un Traité en Prose, rien ne dispense au moins de mettre de la liaison & de la justesse dans ses pensées ; & c'est par-là qu'on trouvera peut-être ma Traduction aussi différente de l'Ouvrage du Sieur Robeton, que son Poëme l'est de celui de M. Pope.

Au reste, je croi qu'il est inutile d'avertir qu'on ne doit point s'attendre à trouver dans mes Vers la pompe & l'élévation propres au Poëme Epique, & aux autres sujets qui tiennent du merveilleux. La simplicité, la précision & la clarté, font le caractere du genre Didactique; il y est question de raisonner, non de peindre. Le Poëte, si des Ouvrages de cette nature suffisent pour mériter ce nom, le Poëte, dis-je, y doit parler beaucoup plus au jugement qu'à l'imagination, & par conséquent il ne lui est pas possible d'y donner l'essor à son génie. Cette vérité a toujours paru si constante, que les Critiques * ont prétendu qu'Horace, dans ses Epitres, & sur tout dans son Art Poëtique, avoit exprès rabaissé son style, pour donner plus de poids à ses Préceptes, & pour faire voir que ce n'étoit pas sur de grands mots, ni sur des expressions superbes, mais uniquement sur le vrai, qu'il vouloit établir la solidité de ses maximes.

Après tout, le genre Didactique ne laisse pas d'avoir ses ornemens & ses beautés, mais il semble que sa nature soit d'être beaucoup plus instructif qu'agréable; & quoique M. Pope soit le plus poli & le plus insinuant de tous les Maîtres; c'est toujours un Maître, & cette qualité entraîne avec soi quelque chose de rebutant : il remonte jusqu'aux pre-

* Voyez les jugemens des Sçavans, par M. Baillet à l'Article d'Horace.

miers Principes : loin de chercher à dissiper l'esprit, son but est de l'appliquer : pour mieux inculquer ses maximes, il est quelquefois contraint de les répéter & de revenir sur ses pas. Il est vrai qu'il a sçû y faire entrer quelques digressions, comme pour servir de repos au Lecteur ; mais bien des gens n'aiment point à se fatiguer, dans l'espérance de se reposer. La Satire est encore d'une grande ressource dans ces sortes d'ouvrages; mais si l'on y en trouve quelques traits, ils ne flatent pas beaucoup la malignité du cœur, parce qu'ils sont pour la plûpart jettés en général, ou qu'ils tombent sur des particuliers qui nous sont inconnus. Il faudra donc se résoudre à l'écouter par raison ; mais tout ce qu'on fait de la sorte, coûte toujours un peu, même aux sages.

Ces deux Poëmes ne conviennent donc pas aux personnes qui lisent beaucoup moins pour s'instruire, que pour s'entretenir dans une douce oisiveté ; mais à l'égard de celles qui d'un esprit plus solide & plus étendu, ne craignent point la peine de la réflexion, & qui ne trouvent un Livre bon, que lorsqu'il demande à être lû plus d'une fois, j'ose assurer que la lecture ne leur en sera point désagréable.

Qui essayeroit de lire les Maximes de M. de la Rochefoucault aussi rapidement qu'on lit une Comédie, ou des Mémoires Historiques, s'y ennuyeroit immanquablement. Il en est à peu près de même de ces Essais ; ce n'est qu'un enchaînement de pensées qui chargeroient l'esprit sans le nourrir, si on ne se donnoit le tems de les digérer, & d'en chercher en soi-même l'application.

Pour rendre la Traduction de l'*Essai sur la Critique* plus complette & plus utile, sur-tout aux jeunes gens qui veulent se former le goût, & se remplir de principes solides & féconds, qui les mettent en état de juger non seulement de la Poësie, mais encore de tous beaux Arts, j'ai tâché dans des Remarques particulieres insérées au bas de la page, d'en développer davantage certaines pensées, soit par mes propres réfléxions, soit par celles des meilleurs Auteurs, Anciens ou Modernes. Je me suis encore trouvé dans l'obligation d'y joindre quelques Notes absolument nécessaires pour le commun des Lecteurs. J'ai crû aussi qu'on y verroit avec plaisir les endroits que M. Pope a imités des autres: loin de vouloir par-là rien diminuer de sa gloire, je me suis flaté au contraire d'y contribuer: je me souviens d'avoir ouï dire à un Homme d'esprit du premier ordre, * & qui se faisoit honneur de le compter parmi ses amis, qu'il n'y avoit point de célébre Ecrivain qui n'eût trouvé le secret de faire passer dans ses Ouvrages les beautés de ceux qui l'avoient précédé, & que jamais on n'imiteroit un Auteur, qui feroit profession de n'imiter personne.

* Le Docteur Atterbury Evêque de Rochester.

LES PRINCIPES
DE LA MORALE,
OU
ESSAI SUR L'HOMME.

SOMMAIRE.

DE la nature & de l'état de l'Homme en général, & par rapport à l'Univers. La raison ne peut juger de l'Homme, qu'en le considérant comme destiné à habiter ce Monde visible. L'ignorance où nous sommes du rapport de ce Monde, avec les autres Parties qui composent l'Univers, est la source de nos plaintes contre la Providence. Folie & injustice de ces plaintes. Pour sentir la sagesse de Dieu dans la formation de l'Homme, il faudroit comprendre toute l'économie des desseins de Dieu. Impossibilité, où l'esprit Humain est de pénétrer cette économie: Il en connoît cependant assez pour voir que l'Homme a toute la perfection qui convient au rang & à la place qu'il occupe parmi les Etres créés. C'est en partie sur l'ignorance des événemens futurs, & en partie sur l'espérance du bonheur à venir, qu'est fondé son bonheur présent. Ses erreurs & sa misere viennent d'un orgueil démesuré, qui aspire à des connoissances & des perfections dont l'Humanité n'est pas capable. Il se regarde comme l'objet final de la Création, & veut dans le Monde Moral une perfection qui n'est point dans le Monde Physique, & qui ne peut être dans les choses créées. Il ambitionne tout à la fois les perfections des Anges, & les qualités corporelles des Bêtes. Plus de finesse, plus de sensibilité dans les organes de ses sens, le rendroit misérable. Dans l'Univers visible il y a un ordre, une gradation de perfections entre les Créatures, d'où résultent une subordination des unes aux autres, & de toutes les Créatures à l'Homme. Gradation de sentiment, d'instinct, de pensée, de réflexion & de raison. La raison donne à l'Homme la supériorité sur tous les autres Animaux,

SOMMAIRE.

& le dédommage bien des qualités qu'ils ont au-dessus de lui. L'union, le bonheur & la conservation de toutes les Créatures, & même de l'Univers dépend de l'ordre, de la gradation, & de la subordination qui regne entr'elles & entre toutes les Parties qui forment l'Univers. Le moindre dérangement dans une seule de ses Parties entraineroit la destruction du tout. Il en faut donc conclure, que tout ce qui est, est bien; que l'Homme est aussi parfait, aussi heureux qu'il peut l'être, & que tant par rapport à son état présent, qu'à son état futur, il doit se résigner entierement aux ordres de la Providence.

LES PRINCIPES
DE LA MORALE,
ou
ESSAI SUR L'HOMME.

EPITRE PREMIERE.

SORS de l'enchantement, Milord, * laisse au vulgaire
Le séduisant espoir d'un bien imaginaire.
Fui le faste des Cours, les honneurs, les plaisirs ;
Ils ne méritent point de fixer tes desirs.
5 Est-ce à toi de grossir cette foule importune,
Qui court auprès des Rois encenser la fortune ?
Viens, un plus grand objet, des soins plus importans
Doivent de notre vie occuper les instants
Ce grand objet, c'est l'Homme, étonnant labyrinthe,
10 Où d'un plan régulier l'œil reconnoît l'empreinte ;

* Henri Saint-Jean Comte de Bolingbroke, ci-devant Secretaire & Ministre d'Etat de la Reine Anne. On peut voir l'éloge de ce Seigneur à la fin de la quatriéme Epitre.

F

Champ fécond, mais sauvage, où par de sages Loix
La rose & le chardon fleurissent à la fois.
Voyons à quel dessein le Ciel nous a fait naître;
Que l'Homme dans mes Vers apprenne à se connoître;
15 De son cœur ténébreux sondons la profondeur,
Jusques dans sa bassesse admirons sa grandeur;
L'un fier de ses talens, enflé de sa science,
Ne croit rien d'impossible à son intelligence;
Pour ces dons précieux l'autre plein de mépris,
20 De sa propre raison semble ignorer le prix,
Rappellons-les tous deux à sa lumiere pure
Et cherchons les sentiers où marche la nature.
Que par nous éclairé sur ses vrais intérêts,
L'Homme rougisse enfin de ses vœux indiscrets.
25 Qu'il reconnoisse ici ses vertus & ses vices;
Et bravant de l'erreur les dangereux caprices,
Contre les vains discours de l'aveugle mortel,
Essayons de venger les Loix de l'Eternel.
Si tu veux éviter les écueils ordinaires,
30 Où se brise l'orgueil des esprits téméraires
Sur des mondes sans nombre éloignés de tes yeux,
Garde-toi de porter des regards curieux.
Cherche Dieu dans ce Monde, où sa vive lumiere
S'offre de toutes parts à ta foible paupiére.
35 Tu ne peux d'un regard voir les ressorts divers,
Dont le parfait concert entretient l'Univers,
Pénétrer par quelque art la puissance suprême,
Des tourbillons errans a réglé le systême,

Parcourir les Soleils, les globes radieux,
40 Et les Etres divers qui remplissent les Cieux,
Et tu veux des decrets qui formerent le Monde
Comprendre clairement la Sagesse profonde.
Dans les liens du corps ton esprit arrêté,
Au céleste Conseil a-t'il donc assisté ?
45 Est-ce une main divine, ou toi, foiblesse humaine,
Qui formas, qui soutiens cette invisible chaîne,
Dont l'effort insensible attire tous les corps,
Et qui les attirant, dirige leurs ressorts ?

    Présomptueux mortel ! ta raison inquiéte,
50 Voudroit approfondir quelle cause secréte
T'a formé si petit, si foible & si borné.
Mais d'abord, apprens-moi, pourquoi tu n'es pas né
Plus foible, plus petit, plus borné dans tes vûes !
Fais-moi sentir pourquoi jusques au sein des nues,
55 Les chênes élevant leurs superbes rameaux,
Laissent rämper sous eux les foibles arbrisseaux !
Tu vois de Jupiter les brillans Satellites,
Dis, par quelle raison fixés dans leurs limites,
De l'Astre qui les guide, ils n'ont pas la grandeur !
60 Si des decrets divins la sage profondeur
Au plan le plus parfait donnant la préférence,
Doit enfanter un Monde où brille sa puissance ;
Où, quoique séparé, rien ne soit désuni ;
Où croissant par degrés jusques à l'infini,
65 Les Etres différens, sans laisser d'intervale,
Gardent dans leurs progrès une justesse égale ;

Si pour remplir ce tout que Dieu forme à son gré;
Parmi les animaux l'Homme occupe un degré,
Le seul point est de voir, si le Ciel équitable
70 L'a placé dans un rang qui lui soit convenable.

Dans l'Homme tel qu'il est, ce qui paroît un mal,
Est la source d'un bien dans l'ordre général.
L'œil qui ne voit d'un tout qu'une seule partie,
Pourra-t'il la juger bien ou mal assortie !
75 Lorsque le fier Coursier sçaura pour quel dessein
L'Homme l'assujétit à recevoir un frein,
Précipite sa course au travers de la plaine,
Le modére à son gré quand la fougue l'entraîne;
Lorsque le Bœuf tardif pressé par l'aiguillon,
80 Sçaura pour quel usage il ouvre un dur sillon,
Par quel noble destin couronné de guirlandes,
Du Peuple de Memphis il reçoit les offrandes,
Nos esprits affranchis de folles visions,
Ne verront plus en nous de contradictions,
85 L'orgueil humain alors aura droit de connoître,
Pourquoi de ses penchans & l'esclave & le maître,
Avec tant de foiblesse il joint tant de grandeur;
Pourquoi toujours en guerre avec son propre cœur,
Tantôt il se rabaisse au-dessous de lui-même,
90 Et s'éleve tantôt jusqu'à l'Etre Suprême.

Ne soutenez donc plus que l'Homme est imparfait.
Le Ciel l'a formé tel qu'il doit être en effet;
Tout annonce dans lui la sagesse profonde
Du Dieu qui l'a créé pour habiter ce Monde.

95 Un état plus parfait ne lui conviendroit point ;
Son tems n'est qu'un moment, son espace qu'un point.
　Au milieu des transports que ton orgueil t'inspire
Dans le sombre avenir tu voudrois pouvoir lire.
De nuages épais pour toi toujours couvert,
100 Le Livre du Destin pour Dieu seul est ouvert.
Ce qu'il cache à la brute, à l'Homme il le révéle ;
Et ce qu'il cache à l'Homme, à l'Ange il le décéle.
Quel Etre ici pourroit sans cette obscurité,
Couler ses tristes jours avec tranquillité !
105 Cet innocent agneau que ta faim meurtriere
Condamnera ce soir à perdre la lumiére,
S'il avoit ta raison, s'il prévoyoit son sort,
Dans une paix tranquille attendroit-il la mort?
Jusqu'à l'instant fatal qui termine sa vie,
110 Il paît en bondissant l'herbe tendre & fleurie,
Sans crainte, sans soupçon, au milieu du danger,
Il caresse la main qui le doit égorger.
Heureux aveuglement ! heureuse incertitude,
Qui cache l'avenir à notre inquiétude !
115 Mystere que le Ciel renferme dans son sein,
Pour conduire tout Etre à remplir son destin !
Ainsi tout obéit à ce pouvoir immense,
Qui pese l'Univers en sa juste balance ;
Qui voit d'un œil égal, dans un parfait repos,
120 Un Passereau tomber, ou périr un Héros ;
Des nuages légers en vapeurs se résoudre,
Ou des Cieux ébranlés à grand bruit se dissoudre ;

De fragiles roseaux plier au gré du vent,
Ou des Mondes entiers rentrer dans le néant.
125   Joignons donc à l'espoir une humble défiance ;
Et craignons les écarts où jette la science ;
Attendons que la mort, ce Maître universel,
Découvre à nos esprits les Loix de l'Eternel.
    Regarde l'Indien, dont l'esprit sans culture,
130 N'a point l'art d'altérer les dons de la nature ;
Il voit Dieu dans les airs, il l'entend dans les vents ;
Son sçavoir ne va point au-delà de ses sens ;
Il s'arrête avec eux aux seules apparences.
Sa raison n'étend point ses foibles connoissances
135 Au-delà du Soleil, & des corps radieux,
Que son œil apperçoit dans la voûte des Cieux ;
Cependant secouru par la simple nature,
Pour tromper ses ennuis, il croit, il se figure
Un séjour plus heureux conforme en ses desirs,
140 Où, sans aucun mélange, il attend des plaisirs.
Au-delà de ces Monts qui terminent sa vûe,
Il s'imagine un monde, une terre inconnue,
Que de vastes Forêts mettront en sureté,
Contre les attentats d'un Vainqueur redouté.
145 Il se peint dans les mers une Isle fortunée,
Où maître de lui-même & de sa destinée,
Quelque Dieu bienfaisant enfin rompra ses fers,
Et le consolera des maux qu'il a soufferts.
Les esprits infernaux, dans l'horreur des ténèbres
150 Ne l'y troubleront plus sous des formes funèbres ;

Dans ces paisibles lieux les armes des Chrétiens,
N'iront plus lui ravir son repos ni ses biens ;
Il ne desire point cette céleste flamme
Qui des purs Séraphins, dévore & nourrit l'ame ;
155 Mais content d'exister, il attend l'heureux jour ;
Où porté tout à coup dans un autre séjour,
Il ira jouissant d'une plus douce vie,
Habiter des humains la commune patrie.

Va, plus sage que lui, dans ta prévention,
160 Imaginer en tout quelque imperfection ;
Prends follement en main ton injuste balance ;
Parle, éleve ta voix contre la Providence.
Dis que le Créateur, en ses dons inégal,
Là, te paroît avare, ici trop libéral ;
165 Renverse pour toi seul les loix de la nature,
Fais divers changemens en chaque créature ;
Arbitre souverain des biens & des plaisirs,
Réforme l'Univers au gré de tes desirs ;
Ose accuser du Ciel l'Eternelle Sagesse,
170 S'il n'épuise pour toi ses soins & sa tendresse ;
S'il ne joint aux faveurs que te fait sa bonté,
L'irrévocable sceau de l'immortalité :
Sois le Dieu de ton Dieu, ne suis que ton caprice,
Place-toi sur son Trône, & juge sa Justice.
175 Aveugle en ses desirs, l'orgueil ambitieux,
Veut sortir de sa Sphére & s'élever aux Cieux;
L'orgueil de toute erreur fut la cause premiére ;
Les Anges éblouis par sa fausse lumiére,

Au Dieu qui les créa voulurent s'égaler ;
180 Aux Anges à son tour l'Homme veut ressembler ;
Changer l'ordre établi par la cause suprême,
C'est prétendre comme eux s'égaler à Dieu même.
 Pourquoi se présentant à nos yeux tour à tour
Les Astres dans les Cieux brillent-ils nuit & jour ?
185 Pourquoi sur ses pivots la terre inébranlable,
Offre-t'elle par tout l'utile & l'agréable :
« Je suis, répond l'orgueil, l'objet de tous ces dons ;
» La nature pour moi dans ses efforts féconds,
» Sans jamais s'épuiser, veille, conçoit, enfante ;
190 » C'est pour mes seuls besoins que sa main bienfaisante.
» Fertilise les Champs, embellit les Jardins,
» Fait éclore la rose & murir les raisins ;
» Les mines, les métaux, les trésors de la Terre
» Sont des biens que pour moi dans son sein elle enserre ;
195 » Les vents impétueux qui soulevent les mers
» Sont faits pour me porter en des climats divers ;
» Ce Soleil qui fournit sa brillante carriére,
» Ne répand que pour moi ses feux & sa lumiére,
» Et ce vaste Univers, mon superbe Palais,
200 » M'offre un Trône éclatant dont les Cieux sont le dais
 Mais lorsqu'un vent porté sur ses ailes rapides
Soufle de toutes parts des vapeurs homicides ;
Lorsque la terre ouvrant ses gouffres redoutés,
Avec leurs habitans engloutit les Cités ;
205 Lorsque pour submerger des Nations entiéres,
La mer s'enfle, mugit, & force ses barrieres,

         Lorsque

Lorsque tout est en bute à de si rudes coups;
Répondez, la nature agit-elle pour vous ?
» Oui sans doute, & toujours la cause universelle
210 » A ses premieres Loix attentive & fidelle,
» De l'ordre général maintenant le lien,
» Permet un mal léger pour produire un grand bien.
» Si des exceptions rares & passagéres
» Dérangent de son cours les régles ordinaires,
215 » Ce désordre apparent l'entretient en effet :
» Est-il rien ici bas qui puisse être parfait ?
Pour tout Etre créé cette régle est égale ;
L'Homme doit-il sortir de la Loi générale ?
Si tout dans l'Univers sujet au changement,
220 Se combat, se détruit, & change incessamment;
Si de l'Etre Eternel la sagesse infinie
Du Monde par le trouble entretient l'harmonie,
Pourquoi prétendez-vous qu'exempt de passions,
L'Homme soit insensible à leurs impressions ?
225 Si l'ordre est affermi par d'affreuses tempêtes;
Pourquoi donc croirez-vous que de coupables têtes,
Qu'un Néron, qu'un Cromwel puissent le renverser ?
C'est un secret orgueil qui vous le fait penser.
Mais Dieu ne peut-il pas assujétir le vice
230 A servir aux desseins formés par sa justice !
La raison doit porter un jugement égal
Sur l'ordre naturel, & sur l'ordre moral ;
Le Ciel, dans le premier, vous paroît équitable,
Pourquoi dans le second seroit-il condamnable ?

G

235 Sur ces points au-dessus de notre entendement
L'esprit ne peut former qu'un vain raisonnement.
A suivre nos projets tout seroit en ce monde
Dans un concert parfait ; dans une paix profonde.
Nous voudrions que l'Homme ami de la vertu,
240 De desirs vicieux ne fût point combattu,
Que l'air ne fût jamais obscurci de nuages,
Ni le calme des mers troublé par des orages,
Et que le cœur conduit par la loi du devoir,
Jamais des passions ne sentît le pouvoir ;
245 Mais des fiers Elémens l'éternelle discorde
Fait que le monde entier se conserve & s'accorde ;
Et sans les passions qui viennent l'agiter,
L'Homme insensible à tout pourroit-il subsister ?
Mais quel est son objet ? que ses vœux son étranges !
250 Quelquefois affligé d'être au-dessous des Anges,
Il aspire à leur sort ; que dis-je ? ses souhaits
S'il n'est encor plus grand, ne sont point satisfaits ;
Quelquefois peu content des dons de la nature,
Il se plaint que de l'Ours il n'a pas la fourrure,
255 La vitesse du Cerf, la force du Taureau,
Homme trop aveuglé ! toi, qui dès le berceau,
Crois que les animaux sont faits pour ton usage,
Quand tous leurs attributs deviendroient ton partage,
Par les dons que le Ciel a répandu sur eux ?
260 Serois-tu plus parfait, serois-tu plus heureux ?
De leurs corps différens l'admirable structure,
Annonce la bonté de la sage nature.

Libérale pour tous, mais sans profusion,
Elle a pour chacun d'eux la même attention;
265 Dans l'un l'agilité compense la foiblesse;
L'autre a reçu la force au défaut de l'adresse;
Et mesurant en eux les secours aux besoins,
Le Créateur fait voir sa sagesse & ses soins.
Il forma leurs ressorts, il régla leur figure,
270 Sur les diverses fins qu'ils ont de la nature;
L'insecte le plus vil, le plus lourd animal,
Ont pour y parvenir un avantage égal;
Chacun d'eux est heureux, & jouit de la vie,
Sans que l'état d'un autre attire son envie.
275 Pour oser accuser le Ciel de dureté,
De la commune loi l'Homme est-il excepté?
Quoi! l'Homme qui se dit & sage & raisonnable,
Mécontent de son sort, vivra seul misérable?
S'il ne possede tout, il croira n'avoir rien.
280 Homme, pour être heureux, tu n'as qu'un seul moyen;
C'est de vivre content des dons de la nature,
Et de te conformer à leur juste mesure.
Si l'œil du Microscope imitant les effets,
Dans le même degré grossissoit les objets,

REMARQUES.

Vers 265. (*Dans l'un l'agilité compense la foiblesse.*) C'est un axiôme reconnu par tous les Anatomistes, dit l'Auteur, que l'agilité des animaux diminue à proportion de leur force, comme leur force au contraire augmente à proportion qu'ils ont moins d'agilité.

285　Dequoi nous ſerviroit une ſemblable vûe ?
　　　Sur de petits objets bornant ſon étendue,
　　　L'œil verroit d'un Ciron les reſſorts curieux ;
　　　Et ne jouiroit plus du ſpectacle des Cieux.
　　　Donnez à tous les ſens plus de délicateſſe,
290　Du toucher par degrés augmentez la fineſſe ;
　　　Senſible au moindre choc, tremblant au moindre effort,
　　　L'Homme craindroit toujours la douleur ou la mort ;
　　　Que des corps odorans les fléches inviſibles
　　　Fiſſent ſur le cerveau des effets plus ſenſibles ;
295　Des parfums les plus doux la violente odeur
　　　Deviendroit le tourment de la tête & du cœur,
　　　D'un ſentiment plus vif ſi l'oreille munie
　　　Des Sphéres dans leurs cours entendoit l'harmonie,
　　　Comment parmi ce bruit trouver quelques plaiſirs
300　Au murmure des eaux, au ſouffle des Zéphirs ?
　　　Reconnoiſſez enfin la ſageſſe éternelle
　　　Dans les dons qu'en naiſſant chaque Etre reçoit d'elle ;
　　　Dans ceux qu'elle refuſe, adorez ſa bonté.
　　　Parmi les animaux, quelle diverſité !
305　Quelle gradation trouvons-nous établie,
　　　Depuis les vermiſſeaux dont la terre eſt remplie,
　　　Juſqu'à l'Homme ce Chef, ce Roi de l'Univers,
　　　Entre leurs facultés que de degrés divers !
　　　Sous les voiles obſcurs qui couvrent ſa paupiére,
310　La Taupe ne peut voir l'éclat de la lumiére ;
　　　Mais rien n'échappe au Linx ; à ſes yeux pénétrans
　　　Les corps les plus épais deviennent tranſparens.

Dans l'ombre de la nuit par le seul bruit guidée,
La Lionne poursuit la Biche intimidée.
315 L'odorat dans le Chien par un prompt jugement,
Sur d'invisibles pas le conduit sûrement.
Des Oiseaux aux Poissons pour la voix, pour l'ouïe,
Rapprochez, s'il se peut, la distance infinie.
Contemplez l'Araignée en son réduit obscur;
320 Que son toucher est vif, qu'il est prompt, qu'il est sûr!
Sur ces piéges tendus sans cesse vigilante,
Dans chacun de ses fils elle paroît vivante.
Par quel art merveilleux l'Abeille dans nos Champs
Va-t'elle s'enrichir des trésors du Printems?
325 Par quel discernement sçait-elle nous extraire
Des sucs les plus mortels un présent salutaire?
Dans ce qu'on nomme instinct, que de variété!
Éléphant, si connu par ta docilité,
Toi, qui de la raison parois avoir l'usage,
330 Combien sur le Pourceau n'as-tu pas d'avantage!
Comment par l'Homme même un instinct admiré,
Si près de la raison en est-il séparé!
O! qu'entre l'un & l'autre on voit peu de distance!
Pouvez-vous concevoir la secréte alliance,

REMARQUES.

Vers 314. (*La Lionne poursuit la Biche intimidée.*) Lorsque les Lions des deserts de l'Afrique vont, dit l'Auteur, à l'entrée de la nuit chercher leur proie dans les Forêts, ils poussent d'abord de grands rugissemens, qui effrayent les autres bêtes, & leur font prendre la fuite. Les Lions attentifs au bruit qu'elles font en fuyant, les poursuivent, non par l'odorat, mais par l'ouïe.

335 Qui joint le souvenir à la réflexion ?
Où commence, où finit la séparation,
Qu'entre les sens grossiers & la pure pensée,
La main du Créateur a pour jamais placée ?
Donnez un même instinct à tous les animaux,
340 Si par les facultés vous les rendez égaux,
Vous rompez les liens de cette dépendance,
Qui fait régner entr'eux l'ordre & l'intelligence;
Ils ne pourront alors s'accorder, & s'unir,
Et vous verrez sur eux votre Empire finir.
345 Que peuvent contre vous leur force, leur adresse ?
Le Ciel de la raison arme votre foiblesse ;
Il met dans ce présent qu'il réserve pour vous,
L'infaillible moyen de les subjuguer tous.
Dans le vague des airs, sur la terre, dans l'onde,
350 Voyez en mouvement la nature féconde,
Travailler sans relâche à peupler l'Univers ;
Parcourez, rassemblez tous les Etres divers ;
Commencez par le Dieu qui leur donne la vie ;
Quel spectacle étonnant ! quelle chaîne infinie,
355 Esprits purs dans les Cieux, Hommes, Poissons, Oiseaux,
Habitans de la Terre, & des Airs & des Eaux,
Insectes différens que l'œil découvre à peine.
Brisez un des anneaux qui forment cette chaîne,
De l'assemblage entier l'équilibre est perdu,
360 Et tout dans le cahos se trouve confondu.
Si chaque tourbillon où nagent les Planettes,
Se meut différemment selon les loix secrétes ;

Si conservant toujours un ordre merveilleux,
Il forme, il affermit l'assemblage des Cieux.
365 Qu'une seule Planette en rompe l'harmonie ;
Des autres tourbillons tout à coup désunie,
Elle entraîne en tombant tous les globes divers,
Qui par leur union forment cet Univers.
De son centre ébranlé la terre dérangée,
370 Sera dans le cahos au même instant plongée ;
Les Astres, les Soleils, l'un sur l'autre entassés,
Par les globes voisins ne sont plus balancés ;
Dans le trouble & l'horreur la nature expirante,
Jusqu'au Trône de Dieu porteroit l'épouvante.
375 Pour répondre aux desirs de l'Homme ambitieux,
Faudra-t'il renverser & la Terre & les Cieux ?
 Si dans le corps Humain chaque membre rebelle
A ce que lui prescrit une Loi naturelle,
A d'autres fonctions se vouloit attacher ;
380 Si le pied vouloit voir, si l'œil vouloit marcher ;
Si la main au travail uniquement bornée
Prétendoit de la tête avoir la destinée ;
Enfin, si chacun d'eux se faisoit un tourment
D'obéir à l'esprit, dont ils sont l'instrument ;
385 Quelle confusion ! n'en est-il pas de même ,
Quand l'Homme révolté contre l'Etre suprême,
De tout Etre créé le mobile & l'esprit,
Veut sortir de la régle & de l'ordre prescrit ?
 De ce vaste Univers les diverses parties
390 Sont pour former un tout sagement assorties :

G iv

De ce tout étonnant la nature est le corps,
L'Eternel en est l'ame, en conduit les ressorts :
Et s'il se cache aux yeux, les traits de sa puissance
Annoncent à l'esprit son auguste présence :
395 En fabriquant la Terre, en construisant les Cieux,
Il est également puissant & glorieux ;
En tous lieux il s'étend, sans avoir d'étendue ;
Sans être divisé, par tout il s'insinue ;
Des esprits & des corps c'est l'invisible appui,
400 Et tout Etre vivant, respire, agit en lui.
Il donne & ne perd rien ; il produit, il opére,
Sans que jamais sa force, ou se lasse, ou s'altére ;
Il se montre à nos yeux aussi sage, aussi grand
Dans le moindre Ciron, que dans un Eléphant ;
405 Dans un Homme ignoré sous une humble chaumiére,
Que dans le Séraphin rayonnant de lumiére.
Le foible & le puissant, le grand & le petit,
Tout, devant ses regards, tombe, s'anéantit.
Sa substance pénétre & le Ciel & la Terre,
410 Les remplit, les soutient, les joint & les resserre.
Rougis donc, o mortel ! de ta présomption,
Et ne nomme plus l'ordre une imperfection.
Ce qui paroît un mal à notre foible vûe,
Est de notre bonheur une source inconnue ;
415 Rentre enfin dans toi-même, & d'un esprit soumis
Contente-toi du rang où l'Eternel t'a mis.
Sois sûr que dans ce Monde ou dans quelqu'autre Sphére,
Dans les bras de ton Dieu tu trouveras un pere.

Et qu'en lui soumettant ton esprit & ton cœur,
420 Chaque pas que tu fais, te conduit au bonheur.
Dans le moment fatal qui finit ta carriére,
Ainsi que dans l'instant où tu vois la lumiére,
Toujours cher à ses yeux, ne crains rien pour ton sort,
S'il préside à ta vie, il préside à ta mort ;
425 La nature n'est pas une aveugle puissance,
C'est un art qui se cache à l'humaine ignorance;
Ce qui paroît hazard est l'effet d'un dessein,
Qui dérobe à tes yeux son principe & sa fin.
Ce qui dans l'Univers te révolte & te blesse,
430 Forme un parfait accord qui passe ta sagesse.
Tout désordre apparent est un ordre réel ;
Tout mal particulier un bien universel,
Et bravant de tes sens l'orgueilleuse imposture,
Conclus que tout est bien dans toute la Nature.

Fin de la premiere Epitre.

SOMMAIRE.

DE la nature & de l'état de l'Homme par rapport à lui-même, considéré comme individu. Il n'est pas fait pour étudier la nature de Dieu, mais pour s'étudier lui-même. L'Homme est un mélange de grandeur & de bassesse, de lumière & d'obscurité, de perfections & d'imperfections, de force & de foiblesse. Combien il est borné dans ses connoissances. Deux principes de nos actions, l'amour propre, & la raison. Tous deux sont également nécessaires, quoique très-différens, ils tendent au même but. L'Homme ne peut être heureux qu'autant qu'il sçait les accorder entr'eux, & les renfermer

SOMMAIRE.

dans leurs justes bornes. Les passions sont des modifications de l'amour propre. Elles sont d'une grande utilité à l'Homme en particulier, & à la société en général. Il ne s'agit pas de détruire les passions, mais de les gouverner & de les tempérer les unes par les autres. De la passion dominante. Elle est nécessaire pour faire entrer les Hommes dans les différentes vûes que la Providence a sur eux; & pour donner plus de force à leurs vertus & à leurs bonnes qualités. Mélange de vice & de vertus dans notre nature. Ils se touchent de près. La distinction de leurs limites est néanmoins certaine & évidente. Quel est l'office de la raison. Combien le vice est odieux par lui-même, & combien facilement les Hommes s'y laissent aller. La Providence se sert néanmoins des vices, des passions, &

des imperfections de l'Homme pour l'accomplissement de ses desseins, & pour le bien général de la société. C'est la Sagesse divine qui distribue aux différens ordres du genre Humain d'heureuses foiblesses, d'où résultent leur dépendance, leur union, leur force. C'est par cette raison qu'il est des passions propres à chaque âge, à chaque état, à chaque caractére. Ainsi la sagesse de Dieu brille jusque dans les imperfections de l'Homme.

ESSAI SUR L'HOMME.

EPITRE DEUXIE'ME.

 E fonde point de Dieu l'immenfe profondeur ;
Travaille fur toi-même, & rentre dans ton cœur.
L'étude la plus propre à l'Homme eft l'Homme même.
Quel mélange étonnant, quel étrange problême !
5 En lui que de lumiére, & que d'obfcurité !
En lui quelle baffeffe, & quelle majefté !
Il eft trop éclairé pour douter en fçeptique,
Trop foible pour s'armer de la vertu ftoïque,
Seroit-il en naiffant au travail condamné ?
10 Aux douceurs du repos feroit-il deftiné ?
Tantôt de fon efprit admirant l'excellence,
Il penfe qu'il eft Dieu, qu'il en a la puiffance ;
Et tantôt gémiffant des befoins de fon corps,
Il croit que de la brute, il n'a que les refforts,

15 Ce n'est que pour mourir qu'il est né, qu'il respire ;
Et toute sa raison n'est presque qu'un délire.
S'il ne l'écoute point, tout lui devient obscur ;
S'il la consulte trop, rien ne lui paroît sûr.
Cahos de passions, & de vaines pensées,
20 Admises tour à tour, tour à tour repoussées,
Dans ses vagues desirs, incertain, inconstant,
Tantôt fou, tantôt sage, il change à chaque instant ;
Egalement rempli de force & de foiblesse,
Il tombe, il se releve, & retombe sans cesse.
25 Seul il peut découvrir l'obscure vérité,
Et d'erreur en erreur il est précipité ;
Créé maître de tout, de tout il est la proie ;
Sans sujet il s'afflige, ou se livre à la joie ;
Et toujours en discorde avec son propre cœur,
30 Il est de la nature & la honte & l'honneur.

Va, sublime mortel, fier de ton excellence,
Ne crois rien d'impossible à ton intelligence,
Le compas à la main mesure l'Univers,
Régle à ton gré & le flux & le reflux des mers ;
35 Fixe le poids de l'air, & commande aux Planettes ;
Détermine le cours de leurs marches secrétes ;
Soumets à ton calcul l'obscurité des tems,
Et de l'Astre du jour conduis les mouvemens.
Va, monte avec Platon jusques à l'Empirée,
40 Cherche la vérité dans sa source sacrée,
Et joignant la folie à la témérité,
Plonge toi dans le sein de la Divinité ;

Dans ton aveugle orgueil inſtruis l'Etre ſuprême,
Apprens à gouverner à la Sageſſe même ;
45 Et déchû de l'eſpoir qui ſéduiſoit ton cœur,
Rentre dans ton néant, rougis de ton erreur.
　Des céleſtes eſprits la vive intelligence
Regarde avec pitié notre foible ſcience.
Neweton, le grand Neweton, que nous admirons tous,
50 Eſt peut-être pour eux ce qu'un Singe eſt pour nous.
　Toi, qui juſques aux Cieux oſe porter ta vûe,
Qui crois en concevoir & l'ordre & l'étendue ;
Toi, qui veux dans leur cours leur preſcrire la loi,
Sçais-tu régler ton cœur, ſçais-tu régner ſur toi ?
55 Ton eſprit qui ſur-tout vainement ſe fatigue,
　Avide de ſçavoir, ne connoît point de digue ;
De quoi par ſes travaux s'eſt-il rendu certain,
Peut-il te découvrir ton principe & ta fin ?
　Deux puiſſances dans l'Homme exercent leur empire,
60 L'une eſt pour l'exciter, l'autre pour le conduire ;
L'amour propre dans l'ame enfante le deſir,
Lui fait fuir la douleur & chercher le plaiſir ;
La raiſon le retient, le guide, le modére ;
Calme des paſſions la fougue téméraire.
65 L'un & l'autre d'accord nous donnent le moyen,
　Et d'éviter le mal, & d'arriver au bien.
Banniſſez l'amour propre, écartez ce mobile,
L'Homme eſt enſeveli dans un repos ſtérile.
Otez-lui la raiſon, tout ſon effort eſt vain ;
70 Il ſe conduit ſans régle, il agit ſans deſſein ;

Il est tel qu'à la terre une plante attachée,
Qui végéte, produit, & périt desséchée ;
Ou tel qu'un Météore enflammé dans la nuit,
Qui courant au hazard, par lui-même est détruit.
75 L'amour propre en secret nous remue & nous presse,
Et toujours agité, nous agite sans cesse ;
La balance à la main, la raison pese tout,
Compare, refléchit, délibére, & résout.
Par l'objet éloigné la raison peu frappée,
80 Est d'un bien à venir foiblement occupée ;
Par le plaisir présent l'amour propre excité,
Le desire, & s'y porte avec vivacité,
Tandis que la raison conjecture, examine,
L'amour propre plus prompt, veut, & se détermine.
85 Du penchant naturel les secrets mouvemens
Sont plus fréquens, plus forts que des raisonnemens.
La raison dans sa marche est prudente & timide ;
Le vol de l'amour propre est ardent & rapide.
Mais pour en modérer la vive impulsion,
90 La raison le combat par la réflexion ;
L'habitude, le tems, les soins, l'expérience
Répriment l'amour propre, & réglent sa puissance.
Qu'un Scholastique vain cherchant à discourir,
Cache la vérité, loin de la découvrir ;
95 Que par un long tissu d'argumens inutiles,
Par des tours ambigus, par des raisons subtiles ;
Voulant tout diviser jusques à l'infini,
Il sépare avec art ce qui doit être uni ;

Laissons-

EPITRE II.

    Laiſſons-le par des mots obſcurcir la matiére ;
100 Sur nos raiſonnemens jettons plus de lumiére.
    La raiſon, l'amour propre avec le même effort,
    Tendant au même but, doivent marcher d'accord.
    Ils ont pour la douleur une invincible haine,
    Un attrait naturel au plaiſir les entraîne ;
105 Mais l'amour propre ardent à l'aſpect du plaiſir ;
    Dévore avidement l'objet de ſon deſir,
    La raiſon le menage, & d'une main habile
    Prend ſans bleſſer la fleur, le miel qu'elle diſtile.
    L'Homme doit diſcerner, s'il veut ſe rendre heureux,
110 Du plaiſir innocent, le plaiſir dangereux.
    Que ſont les paſſions ? l'amour propre lui-même,
    Evitant ce qu'il hait, & cherchant ce qu'il aime.
    D'un bien faux ou réel la prompte impreſſion,
    Les frappant vivement, les met en action.
115 Lorſque ſans offenſer les intérêts des autres,
    Leur mouvement ſe borne à contenter les nôtres,
    La raiſon les adopte, & leur donnant ſes ſoins,
    Emprunte leur ſecours dans nos juſtes beſoins :
    Mais lorſque d'un mortel élevant le courage,
120 Elles ferment ſes yeux ſur ſon propre avantage,
    La raiſon applaudit à leurs nobles tranſports,
    Et du nom de vertu couronne leurs efforts.
    Que le Stoïcien ſe croyant inſenſible,
    Travaille follement à ſe rendre impaſſible ;
125 Que ſa fauſſe vertu, ſans force & ſans chaleur,
    Reſte ſans action, concentrée en ſon cœur.

H

Plus notre esprit est fort, plus il faut qu'il agisse;
Il meurt dans le repos, il vit dans l'exercice;
C'est par les passions que l'Homme est excité;
130 L'ame en tire sa force & son activité;
Loin qu'un trouble naissant l'épouvante & l'arrête,
Elle met à profit une utile tempête:
La vie est une mer, où sans cesse agités,
Par de rapides flots nous sommes emportés;
135 La raison que du Ciel nous eûmes en partage,
Devient notre Boussole au milieu de l'orage;
Et son flambeau divin prompt à nous éclairer,
A travers les écueils, peut seul nous rassurer:
Mais de nos passions les mouvemens contraires,
140 Sur ce vaste Océan sont des vents nécessaires.
Dieu lui-même, Dieu sort de son profond repos,
Il monte sur les vents, il marche sur les flots.

Le desir & l'amour, la joie & l'espérance,
Cortége du plaisir, qui leur donne naissance,
145 La crainte, le soupçon, la haine & le chagrin,
Que la douleur enfante & nourrit dans son sein,
Toutes ces passions entr'elles combinées,
Au bonheur des Humains ont été destinées;
De leurs combats divers résultent des accords,
150 Qui forment l'union, & de l'ame & du corps.
Réglez vos passions, songez à les réduire;
Ce qui forme le cœur, pourroit-il le détruire?
Tenir leurs mouvemens dans un sage milieu,
C'est suivre la nature & les desseins de Dieu.

ÉPITRE II.

155 De l'amour des plaisirs notre ame possédée,
     En jouit en effet, ou les goute en idée ;
     Elle agit sans relâche, ou pour les retenir,
     Ou pour s'en préparer au moins dans l'avenir.
     Mais de ces passions la séduisante amorce,
160 A sur le cœur de l'Homme ou plus ou moins de force,
     Selon que les esprits répandus dans le corps,
     Sont plus ou moins nombreux, plus foibles ou plus forts.
     Delà se forme en nous la passion régnante,
     Qui toujours combattue, & toujours triomphante,
165 Semblable à ce Serpent du grand Législateur,
     Qui brava d'un Tyran le prestige enchanteur,
     Des autres passions soumet l'orgueil rebelle,
     Les dompte, les dévore, & les transforme en elle.
         L'Homme en venant au jour, porte dans son berceau
170 Le principe de mort qui le mene au tombeau ;
     Ce germe destructeur dans le cours de sa vie,
     Se mêle avec son sang, y croît, s'y fortifie.
     Ainsi la passion qui doit nous gouverner,
     Acquiert sur notre esprit le droit de dominer.
175 Elle y verse en secret sa maligne influence ;
     Elle y transforme tout en sa propre substance,
     L'imagination seconde ses efforts,
     Et la rend souveraine & de l'ame & du corps.
         Chaque jour l'habitude & nourrit, & fait croître
180 Ce penchant qu'avec nous la nature fit naître.
     Lorsque sa force agit, loin de lui résister,
     L'esprit & les talens ne font que l'irriter ;

H ij

Que dis-je, la raison dans le secret de l'ame,
Flate cet ennemi, le soutient, & l'enflamme ;
185 Tel que le Soleil qui souvent par ses feux,
Rend des sucs corrompus encor plus dangereux.
Quelle que soit enfin la passion régnante,
Contre elle la raison est souvent impuissante.
 Orgueilleuse raison, tu soutiens mal tes droits !
190 Foible Reine ! crois-tu nous prescrire des Loix ?
A quelque favori toujours abandonnée,
Tu lui laisse le soin de notre destinée.
A quoi donc se réduit ton pouvoir si vanté ?
De tes dures leçons quelle est l'utilité ?
195 Tu veux que du plaisir nous redoutions les charmes ;
Mais pour en triompher nous donnes-tu des armes ?
Ta voix sur nos défauts nous force à réfléchir ;
Mais que peut ton secours pour nous en affranchir ?
De reproches amers en vain tu nous accables ;
200 Sans nous rendre meilleurs, tu nous rens misérables.
Le flambeau qu'à nos yeux tu viens sans cesse offrir,
Sert à nous tourmenter, non à nous secourir.
Tu sçais justifier nos différens caprices,
Et du nom de vertu tu décores nos vices.
205 Tu fais dans notre cœur par les soins que tu prens,
A de foibles défauts succéder de plus grands.
C'est ainsi qu'aux humeurs faisant changer de route,
L'art à des maux légers fait succéder la goute :
Et que le Médecin-fier de ce changement,
210 Croyant nous soulager, accroît notre tourment.

Cédons, conformons-nous aux loix de la Nature,
La route qu'elle trace est toujours la plus sûre.
Le but de la raison n'est pas de nous guider ;
Son principal emploi se borne à nous garder.
215 C'est un Maître prudent, chargé de nous instruire,
Qui doit régler nos goûts, mais non pas les détruire ;
Et de la passion qui régne dans le cœur,
Etre moins l'ennemi, que le modérateur.
Par cette passion le Ciel nous détermine
220 Aux desseins qu'a formés sa sagesse divine ;
Elle veut, pour remplir ses augustes projets,
Que chaque Homme s'attache à différens objets.
De cette passion la force impérieuse
De tout autre penchant se rend victorieuse.
225 A l'objet qu'elle suit, elle arrive toujours ;
Et qui veut l'arrêter, précipite son cours.
Qu'un desir effréné de gloire, de puissance,
Que la soif des trésors, le goût de la science,
Que l'amour du repos quelquefois plus touchant,
230 S'établisse en un cœur, en forme le penchant,
Chacun suit son attrait, chacun lui sacrifie
Ses biens & son honneur, souvent même sa vie.
Qu'au fonds de sa retraite, un Moine enseveli,
Coule ses jours en paix dans un modeste oubli ;
235 Qu'un Héros affamé de périls & d'allarmes,
Mette tout son bonheur dans la gloire des armes ;
Que le Sage se plaise en son oisiveté,
Et l'avide Marchand dans son activité,
Ils trouveront toujours la raison complaisante
240 Prête à favoriser le goût qui les enchante.

L'Eternel Artisan qui tira tout de rien,
Et qui du sein du mal fait éclore le bien,
De ce penchant secret employant la puissance,
Décide notre cœur, en fixe l'inconstance.
245 Du sein des passions ne voit-on pas sortir
Les vertus dont l'effet peut moins se démentir ?
Comme d'un sauvageon par une greffe utile
En fruits délicieux sort un arbre fertile.
Combien de fois l'orgueil, & la haine, & l'amour
250 A de nobles exploits ont-ils donné le jour ?
La colere supplée au zéle, à la vaillance;
L'avarice est souvent mere de la prudence.
Arrêtant dans leurs cours nos bouillantes ardeurs,
La paresse entretient la sagesse des mœurs.
255 L'envie adoucissant son impuissante rage,
Sert d'émulation, & soutient le courage.
Est-il quelque vertu qui se fasse admirer,
Que la honte ou l'orgueil ne nous puisse inspirer ?
Du vice à la vertu qu'il est peu de distance ?
260 Entre eux l'Homme sans cesse & chancelle & balance.
Dans un penchant égal lui servant de soutien,
Le poids de la raison change le mal en bien.
En l'écoutant Néron vertueux & sans vices,
Comme Titus du monde eût été les délices.
265 Cette fougue d'esprit, cette fierté de cœur,
Que dans Catilina je vois avec horreur.

REMARQUES.

Vers 266. [*Que dans Catilina je vois avec horreur.*]
Homme qui porta les vertus & les vices jusqu'aux derniers
excès. Il avoit formé une Conspiration qui auroit causé

Me charme en Décius ; me ravit & m'étonne,
Quand Curtius par elle à la mort s'abandonne.
La même ambition sauve & perd les Etats ;
270 Aux bons comme aux méchans fait braver le trépas,
Change un foible Soldat en Guerrier intrépide,
Et le plus grand Héros en Citoyen perfide.

Qui peut donc, si ce n'est le Dieu qui nous conduit,
Dont la voix sépara le jour d'avec la nuit,
275 Démêler ce cahos de raison, de caprices,
Ce cahos qui confond les vertus & les vices.

Comme dans les tableaux d'un Peintre ingénieux,
Des ombres & des jours l'accord industrieux,
Unissant des couleurs la teinte imperceptible,
280 Rend des bruns & des clairs le passage insensible.
De même en nous cachant leurs véritables traits,
Le vice & la vertu se touchent de si près,

REMARQUES.

la ruine de sa Patrie, si la prudence & la fermeté de Cicéron n'avoient arrêté ses pernicieux desseins. Il fut tué les armes à la main en combattant avec un courage digne d'une meilleure cause.

Vers 267. [*Me charme en Décius ; me ravit & m'étonne.*] On compte trois Consuls de ce nom, qui en se jettant les armes à la main dans le plus fort de la mêlée, périrent en trois différentes Batailles, après s'être avec certaines cérémonies dévoués aux Dieux infernaux pour le salut de leurs Concitoyens.

Vers 268. [*Quand Curtius par elle à la mort s'abandonne*]. Chevalier Romain qui eut assez d'amour pour sa Patrie, & assez bonne opinion de lui-même, pour se précipiter dans un gouffre qui s'étoit entr'ouvert dans l'enceinte de Rome. L'Oracle consulté sur ce prodige qui effrayoit le Peuple, avoit répondu que ce gouffre ne se refermeroit point, qu'on n'y eût jetté ce que Rome avoit de meilleur.

Qu'en vain on chercheroit le point de la distance,
Où la vertu finit, où le vice commence.
285 Mais quoiqu'entr'eux leurs traits paroissent confondus,
Prétendrez-vous qu'il n'est ni vices, ni vertus ?
Que le blanc, que le noir avec art s'assortissent,
Qu'entr'elles ces couleurs se mêlent, & s'unissent ;
Sur les simples dehors vous laissant décevoir,
290 Direz-vous qu'il n'est point ni de blanc ni de noir ?
L'esprit veut-il prouver une telle chimére,
Le cœur le contredit, & le force à se taire.
Le vice est regardé comme un monstre odieux,
Dans le premier instant qu'il paroît à nos yeux.
295 Mais l'horreur qui le suit, par degrès diminue,
Nous nous accoûtumons à soûtenir sa vûe ;
Bientôt le cœur pour lui se laisse intéresser
Et notre aveuglement va jusqu'à l'embrasser.
L'homme fixe à son gré l'extrêmité du vice,
300 Blâme par passion, approuve par caprice ;
Aveugle sur lui-même, il ne voit point en lui
Les excés vicieux, qu'il condamne en autrui.
Ainsi sous cette Zone, où le cruel Borée
Aux fougueux Aquilons donne une libre entrée,
305 Le Lapon s'endurcit, & n'est point malheureux ;
Il imagine ailleurs un ciel plus rigoureux.
Il est peu de vertus dans un degré suprême ;
Peu de vices aussi sont portés à l'extrême.
Mais toujours notre cœur au-dedans divisé,
310 De vices, de vertus se trouve composé.

Les

EPITRE II.

315 Les Fous, les Scelerats dans leur profonde yvreſſe,
N'ont-ils pas des lueurs d'honneur & de ſageſſe?
Le Sage dont le cœur par l'amour eſt ſurpris,
N'eſt-il pas pour lui-même un objet de mépris?
Les hommes ne ſont bons, ou méchans qu'en partie?
320 Aux loix des paſſions notre ame aſſujétie
Change à chaque moment, & paſſe tour à tour
Du vice à la vertu, de la haine à l'amour.
Tous ſans diſtinction, le Fou, comme le Sage,
Ne connoiſſent de but que leur propre avantage.
325 Chacun cherche ſon bien : mais tous d'un pas égal,
Marchent ſans y penſer, vers le bien général.
C'eſt à ce grand deſſein que le Maître ſuprême
Fait ſervir les efforts de la malice même,
Les complots les plus noirs, le caprice, l'erreur,
330 Les défauts de l'eſprit, les foibleſſes du cœur.

  C'eſt pour ce grand deſſein que Dieu dans ſa ſageſſe,
En chaque homme a placé quelque heureuſe foibleſſe.
La honte de céder aux traits du Suborneur,
Dans le cœur d'une fille eſt l'appui de l'honneur.
335 Dans l'eſprit de la femme une fierté ſévére
L'empêche de brûler d'une flâme adultére.
Qui conduit les Guerriers? c'eſt la témérité.
Qui fait fleurir les Arts? ſouvent la vanité.
Et cette vanité ſecréte & délicate,
340 Sans qu'un vil intérêt nous anime & nous flate,
En charmant notre eſprit par ſes illuſions,
Enfante quelquefois de nobles actions.

I

Ainsi du Créateur la sagesse profonde
Se sert de nos défants pour le bonheur du monde.
345 Pour conserver leurs biens, pour défendre leurs jours,
Tous les hommes entr'eux se doivent des secours :
Pour s'aider tour à tour le Ciel les a fait naître,
Le pere, les enfans, les esclaves, le maître.
Foibles séparément, ils font de vains efforts ;
350 Ils font en s'unissant plus heureux & plus forts.
Ainsi soit passion, soit besoin, soit foiblesse,
Pour la societé tout homme s'intéresse,
Et chacun s'empressant à procurer son bien,
De l'intérêt commun reserre le lien.
355 Delà le tendre amour, l'amitié véritable,
Et ce charme secret qui rend la vie aimable.
Delà vient que touchant à la fin de ses jours,
On renonce sans peine aux plaisirs, aux amours ;
Que ne leur trouvant plus leur attrait ordinaire,
360 On se fait un honneur d'une loi nécessacre ;
Qu'on s'attend sans murmure à recevoir la mort ;
Qu'après un long orage on la voit comme un port ;
Qu'on trouve par raison, ou par décrepitude,
Et le jour moins aimable, & le trépas moins rude.

365 Mais jusqu'à ce moment l'erreur dans tous nos maux,
Au défaut des vrais biens nous en donne de faux.
Tant que nous respirons l'opinion flateuse,
A charmer nos ennuis toujours ingénieuse,
Dore par ses rayons les nuages charmans,
370 Qui versent sur nos jours de trompeurs agrémens.

EPITRE II.

Satisfait de ses goûts, content de sa science,
Chacun a pour soi-même un œil de complaisance.
Feuilletant nuit & jour des Volumes poudreux,
Dans un réduit obscur le Sçavant est heureux ;
375 L'Ignorant affranchi d'un travail si pénible,
Dans un lâche repos trouve un plaisir sensible.
Regardant l'avenir avec tranquilité,
Le riche de son bien fait sa félicité ;
Rassuré par les soins que prend la Providence,
380 Le Pauvre vit content malgré son indigence.
Voi l'Aveugle danser ; se plaint-il que ses yeux
Soient pour jamais fermés à la clarté des Cieux ?
Voi le Boiteux qui chante ; en est-il moins tranquille,
Quoiqu'à former des pas son pied soit moins agile ?
385 Dans les vapeurs du vin le Mandiant est Roy,
Et le sot en tout tems vit satisfait de soy.
Le Chimiste ébloui de l'or qu'il voit en songe,
Prend pour réalité ce qui n'est qu'un mensonge ;
Et même en déplorant son destin rigoureux,
390 Dans le sein de sa muse un Poëte est heureux.
Par tout où du bonheur on regrette l'absence,
Ne voit-on pas voler la facile espérance ?
Du secourable orgueil les soins compatissans
Manquent-ils de remplir le vuide du bon sens ?
395 La subite lueur de la raison sévére,
Vient-elle dissiper une aimable chimére ?
Vient-elle nous priver d'un plaisir imposteur,
Un autre au même instant renaît dans notre cœur.

I ij

Est-il destin si triste, état si misérable,
400 Que le secours du tems ne rende supportable ?
Regardez des humains le grand Consolateur,
L'orgueil, leur présenter son secours enchanteur.
Voyez la passion convenable à chaque âge,
Pour regner sur nos cœurs nous attendre au passage ;
405 L'espérance est constante à marcher sur nos pas,
Sans même nous quitter à l'heure du trépas.
N'offre-t'elle à nos yeux qu'une confuse image
Du bonheur que le Ciel nous destine en partage ?
Cet objet consolant nous occupe toujours,
410 Et répand des douceurs sur nos plus tristes jours.
Notre ame en ses desirs inquiéte, égarée,
Par les liens du corps tristement resserrée,
Dans un doux avenir, se repose, s'étend,
Et jouit en effet du bonheur qu'elle attend.
415 Dans les biens & les maux que le Ciel nous dispense ;
Reconnois sa bonté, sa juste Providence.
Nos vices, nos défauts, l'orgueil, la vanité,
Tournent souvent au bien de la société.
Cet amour naturel qu'on ressent pour soi-même,
420 N'est-il pas un présent de la bonté suprême ?
Par les divers besoins que l'homme éprouve en lui,
Il mesure, prévoit, soulage ceux d'autrui.
Adore donc le Ciel, supporte ta foiblesse,
Et jusqu'en ta folie admire sa sagesse.

Fin de la deuxiéme Epitre.

SOMMAIRE.

DE la nature & de l'état de l'Homme par rapport à la société. La cause universelle n'agit que pour une fin, mais par différentes loix. L'Univers entier est un système de société. Rien n'est fait, ni entierement pour lui-même, ni entierement pour les autres. C'est une folie insupportable à l'Homme que de rapporter tout à lui-même. La nature a travaillé pour le bonheur des animaux les plus grossiers, aussi-bien que pour le bonheur de l'Homme. Chaque être animé a ce qu'il lui faut de connoissance pour arriver à la fin qui lui est propre. De l'instinct & de la raison. L'un ou l'autre produisent le bonheur de chaque individu. L'instinct parmi les brutes, les porte à s'unir, & forme parmi elles les sociétés. Il les commence parmi les Hommes ; mais la raison perfectionne leurs sociétés & en resserre plus étroitement les liens. Descrip-

SOMMAIRE.

tion du premier état du monde. La raison instruite par l'instinct, invente les Arts. Origine des sociétés politiques. Le premier gouvernement fut celui des Patriarches. L'amour est le principe de la vraie Religion & du bon Gouvernement. La crainte est le principe de la superstition & de la tyrannie. Origine & caractere de l'idolatrie. L'amour propre éclaire les Hommes sur leurs véritables intérêts. La Religion reprend ses premiers droits sur l'esprit des Peuples. Les différentes formes de Gouvernement qui s'établissent, ont pour but le bien Public. L'amour propre, tout contraire qu'il paroît d'abord au bien de la société, en devient le lien & l'appui.

ESSAI SUR L'HOMME.

―――――――――――

EPITRE TROISIE'ME.

EVIENS, il en eſt tems, de ton erreur
    profonde;
Apprens, homme borné, que le Maître du
    monde,
Sans jamais s'écarter de ſon premier deſſein,
Par différens moyens tend à la même fin.
5 Au milieu des tranſports de l'ardente jeuneſſe,
Dans l'orgueil faſtueux qu'inſpire la richeſſe,
Dans le ſein du bonheur, ou de l'adverſité,
Sois frappé nuit & jour de cette vérité.
   Conſidére le monde, il eſt aux yeux du Sage
10 De la ſociété la plus parfaite image;
Voi ces chaînes d'amour, ces liens préparés
Pour réunir entr'eux des êtres ſéparés.
Au premier mouvement que reçoit la matiére,
Voi du ſein du cahos éclater la lumiére,

15 Chaque atôme ébranlé courir pour s'embraſſer ;
    S'attirer tour à tour, s'unir, s'entrelaſſer.
    L'Univers eſt formé ; la puiſſance infinie
    Répand dans la Nature un principe de vie ;
    Les êtres animés par ce ſouffle divin,
20 Se portent de concert vers une même fin.
    Sans jamais s'écarter de la loi qui les preſſe,
    Pour le bien général chacun d'eux s'intéreſſe.
    Tu vois les végétaux devenir l'aliment
    Des êtres que le Ciel doua de ſentiment ;
25 Mais ceux-ci par leur mort changent-ils de nature ?
    Ils vont aux végétaux ſervir de nourriture.
    Il n'eſt rien de durable, & tout être à ſon tour,
    Sort du néant, y rentre, & reparoît au jour.
    Rien n'eſt indépendant, mais toutes les parties
30 Se rapportant au tout, au tout ſont aſſorties.
    L'ame de l'Univers, leur force & leur ſoutien,
    Entr'elles les unit par un même lien.
    L'Homme prête à la Brute un ſecours ſalutaire,
    Et la Brute à ſon tour à l'Homme eſt néceſſaire ;
35 Tout donne, tout reçoit ici bas du ſecours ;
    Et le foible & le fort l'un à l'autre ont recours.
    Cette chaîne ſe ſuit ; répons, où finit-elle ?
    Qui peut t'en informer ? La puiſſance immortelle.
       Homme préſomptueux, quelle erreur te ſéduit ?
40 Crois-tu que pour toi ſeul l'Univers ſoit produit ?
    Dieu n'a-t'il travaillé que pour ta nourriture,
    Pour ton amuſement, ton bien ou ta parure ?

EPITRE III.

Pour soulager ta faim, la main qui dans les champs,
Engraisse des agneaux les troupeaux bondissans,
45 Leur donne comme à toi les besoins de la vie ;
Et de gason pour eux embellit la prairie.
Crois-tu que pour toi seul formant de doux concerts,
Le tendre Rossignol fait retentir les airs ?
Il céde aux doux transports de l'ardeur qui le presse,
50 Il chante ses plaisirs, il chante sa tendresse.
Ce superbe Coursier qui docile à ta voix,
Marche pompeusement sous un riche harnois,
Et sensible aux beautés qu'il tient de la nature,
Et partage avec toi l'orgueil de sa parure.
55 Crois-tu que pour toi seul tant de grains différens
Couvrent de leurs trésors la surface des champs ?
Les oiseaux avant toi revendiquent leur proie,
Et jouissent des dons que le Ciel leur envoie.
Est-ce encor pour toi seul qu'en la riche saison
60 Les rayons du Soleil font jaunir la moisson ?
Pour prix de ses travaux ta main reconnoissante
En distribue au Bœuf une part abondante
Mais combien d'animaux rebelles à tes loix,
Qui dédaignant le joug, habitent dans les bois !
65 Arbitres de leur sort, sans travail & sans peine,
Ils vivent malgré toi des fruits de ton domaine.
La Nature attentive à leurs justes besoins,
Entre tous ses enfans a partagé ses soins.
Un Roi dans les hivers s'arme de la fourure,
70 Qu'à l'ours contre le froid a donné la nature.

Tandis que pour lui seul l'Homme croit tout formé,
Et que du Créateur il se croit seul aimé,
» Voyez à me servir combien l'homme s'empresse,
» Dit un vil animal, qu'avec soin l'on engraisse,
75 » L'Homme est fait pour moi seul ; il ne peut pénétrer
Que l'Homme ne le sert, que pour le dévorer.
Que pensez-vous de l'Homme, est-il plus raisonnable,
Et ne tombe-t'il pas dans une erreur semblable ;
Lorsqu'à ses seuls besoins croyant tout destiné,
80 Il ne voit pas qu'au tout il est subordonné.
　　Aux êtres sans raison le Ciel par indulgence
De leur derniere fin cache la connoissance.
L'Homme sçait, il est vrai, qu'il est né pour mourir,
Mais lorsqu'à son esprit cet arrêt vient s'offrir,
85 D'un avenir heureux son ame possedée,
Joint un espoir flatteur à cette affreuse idée.
Un nuage éternel lui dérobant le jour,
Où la mort doit venir l'enlever sans retour,
Cet objet menaçant est d'autant moins terrible,
90 Qu'éloigné de ses yeux il est presque invisible.
De concert avec nous, habile à se cacher,
Il approche toujours, sans paroître approcher.
Miracle ! qui du Ciel signale la puissance !
Sans cette illusion le seul être qui pense,
95 Sçachant que tous ses pas le menent à la mort,
Pourroit-il sans horreur envisager son sort ?
　　Le Dieu dont le pouvoir sur les êtres préside,
Soit que le seul instinct, ou la raison les guide,

EPITRE III.

A pris un tendre soin de partager entr'eux
100 Ce qui pouvoit les rendre aussi parfaits qu'heureux.
Il leur donne un attrait, une régle certaine,
Dont l'insensible effort au bonheur les entraîne;
Elle les porte toujours à remplir leur destin,
Soit par réflexion, soit même sans dessein.
105 Si par l'heureux secours d'une main invisible,
La Brute dans l'instinct trouve un guide infaillible;
Qu'a-t'elle à desirer ? Voudrois-tu qu'un Docteur
Lui dictât des leçons, devînt son conducteur ?
La raison est pour l'Homme un serviteur habile;
110 Mais un serviteur froid, paresseux, indocile;
Il le faut appeller dans les pressans besoins,
Pour forcer sa lenteur à nous donner ses soins.
L'instinct sans cesse agit, presse, avertit, excite,
Et pour se présenter, n'attend pas qu'on l'invite;
115 Il ne manque jamais, il est pour tous les tems ;
La raison ne nous sert que dans quelques instans.
L'instinct sans hésiter prompt, docile & fidéle,
Va droit au but marqué par la cause éternelle;
De ce but la raison libre de s'écarter,
120 Sort de l'ordre prescrit, ose lui résister.
Envain de la raison tu vantes l'excellence;
Doit-elle sur l'instinct avoir la préférence,
Entre ces facultés quelle comparaison ?
Dieu dirige l'instinct, & l'homme la raison.
125 Sans jamais les tromper, quelle lumiere sûre
Apprend aux animaux à trouver leur pâture,

A choisir le remede, à laisser le poison,
A changer de demeure en changeant de saison ;
A prédire le vent, les frimats & l'orage ?
130 A résister aux flots qui battent le rivage ?
A former en commun de solides travaux,
Pour établir en paix leur séjour dans les eaux ?
Sans régle & sans compas, qui montre à l'Araignée
A tracer avec art une toile allignée ?
135 Moivre par le secours de divers instrumens,
Met-il plus de justesse, & d'ordre dans ses plans ?
Qui montre tous les ans à la prudente Grue
A chercher dans l'hiver une terre inconnue ;
Qui préside au conseil, où l'on fixe le jour
140 Et l'instant du depart, & celui du retour ?
Le moyen d'être heureux sans sortir de soi-même,
Chaque Etre l'a reçu de la bonté suprême.
Mais le bonheur du tout étant le grand objet,
Que Dieu s'est proposé dans tout ce qu'il a fait,
145 Du besoin mutuel le concours nécessaire
D'un bonheur réciproque est la source ordinaire.
Cet ordre unit entr'eux tous les Etres divers
Destinés à peupler cet immense Univers.

REMARQUES.

Vers 135. [*Moivre par le secours de divers instrumens.*]
M. de Moivre est François d'origine, & très-connu en Angleterre, & même en France par la profonde connoissance qu'il a de l'Algébre & des Mathématiques. Il étoit fort estimé du célébre Nevvton.

La Nature y produit par sa flamme féconde
150 L'esprit vivifiant qui conserve le monde.
L'attrait est général, l'Homme, les Animaux
Qui vivent dans les bois, dans les airs, dans les eaux;
Commencent par s'aimer d'une ardeur naturelle :
Mais bientôt cette ardeur devenant mutuelle,
155 Chaque sexe pour l'autre éprouve un feu commun,
Qui les réunissant, des deux n'en forme qu'un.
De ce second amour un autre prend la place,
Ils transmettent leur sang, ils s'aiment dans leur race;
Les Bêtes, les Oiseaux par cet amour poussés
160 A servir leurs petits se montrent empressés.
La mere les nourrit, & plein de vigilance
Le pere prend sur lui le soin de leur défense.
Sont-ils devenus grands, ces nourrissons si chers?
Ils courent habiter les bois, les champs, les airs.
165 L'instinct s'arrête alors, le pere ni la mere
Ne reconnoissent plus cette troupe étrangere ;
Sitôt qu'à leurs petits leurs soins sont superflus,
Les nœuds qui les lioient pour toujours sont rompus.
Mais des tristes humains les maux & la foiblesse,
170 Une enfance sans force, une infirme vieillesse,
Leurs rapports mutuels, leurs différens besoins
Demandent plus d'égards, exigent plus de soins.
Ces soins multipliés augmentent la tendresse,
L'un à l'autre à l'envi se lie & s'intéresse ;
175 La raison & le tems nous montrent chaque jour
A resserrer encor les nœuds de cet amour.

Si le penchant au mal d'un côté nous incline,
De l'autre la raison au bien nous détermine ;
L'intérêt secondé par les réflexions
180 Fait naître les vertus au sein des passions ;
Des besoins satisfaits naît la reconnoissance ;
A l'amour naturel se joint la bienveillance ;
Ces tendres sentimens gravés au fonds du cœur,
Des peres aux enfans transmettent leur douceur.
185 A peine ces derniers en prennent l'habitude,
Que déja leurs parens dans la décrépitude,
Viennent leur demander foibles & languissans,
Les soins qu'ils ont pris d'eux dans leurs plus jeunes ans.
Nous rappellons alors le tems de notre enfance,
190 L'esprit dans l'avenir porte sa prévoyance
Et le fils à son pere accorde des secours,
Qu'il attend pour lui-même à la fin de ses jours.
Les services reçus, joints à ceux qu'on espere,
Sont ainsi des Humains le lieu ordinaire ;
195 Et de tous ces motifs le mélange divers
Les porte à concourir au bien de l'Univers.
Croyez-vous que sorti des mains de la Nature,
L'Homme marchant sans frein, erroit à l'avanture ?
Dieu même en cet état étoit son conducteur,
200 Eclairoit son esprit & dirigeoit son cœur.
L'amour propre régnoit, mais soumis & tranquille
Du bonheur mutuel il étoit le mobile.
Sans le secours des Arts par l'orgueil inventés
La Nature étaloit ses naïves beautés.

205 Avec les Animaux l'Homme d'intelligence,
A l'ombre des forêts vivoit en assurance.
On ne le voyoit point ensanglanter sa main,
Pour défendre son corps du froid ou de la faim ;
La terre sans travaux, sans soins & sans culture
210 Leur donnoit même lit & même nourriture ;
L'Homme & les Animaux réunissant leurs voix,
Pour louer leur Auteur s'assembloient dans les bois;
Ces bois étoient leur Temple, un culte sanguinaire
N'en deshonoroit point l'auguste Sanctuaire ;
215 L'or au sein de la terre ignoré des Mortels,
N'éclatoit point alors jusques sur les Autels;
Sans faste, sans éclat, le Prêtre irréprochable,
Par ses seuls vertus s'y montroit respectable ;
Le Ciel gouvernoit tout en Maître universel,
220 Et par tout signaloit son amour paternel.
L'Homme sur la nature exerçoit son empire,
Pour y maintenir l'ordre & non pour le détruire.
O ! combien différent, & de goûts & de mœurs,
L'Homme dégénéra de ses premiers Auteurs !
225 Il remplit de terreur l'air, les mers & la terre ;
Aux foibles Animaux il déclara la guerre.
Tantôt leur meurtrier, & tantôt leur tombeau,
Il se couvrit les yeux d'un coupable bandeau ;
Aux cris de la nature il devint insensible;
230 Le sang n'effraya plus son courage infléxible ;
Cruel aux Animaux, injuste pour les siens,
Avec son innocence il perdit tous ses biens.

De ce luxe effréné l'affreuse tyrannie,
Par un juste retour fut aussi-tôt punie.
235 La fièvre, la douleur, une foule de maux
Sortirent à l'envi du sang des animaux.
De ce sang étranger la fougue impétueuse
Mit dans les passions une ardeur furieuse ;
Et malgré ses remords dans le crime affermi,
240 L'Homme trouva dans l'Homme un farouche ennemi.

La Nature indignée alors se fit entendre ;
» Va, malheureux Mortel, va, lui dit-elle, apprendre
» Des plus vils Animaux, l'industrie & les soins
» Qu'exigent ta foiblesse & tes divers besoins.
245 » Va parcourir les bois ; que les Oiseaux t'instruisent
» Et te montrent les fruits que les buissons produisent.
» Observe dans les champs les pas des animaux,
» Leur instinct t'apprendra l'art de guérir tes maux.
» Voudrois-tu des saisons braver l'intempérie,
250 » De l'Abeille en sa ruche imite l'industrie ;
» Que la Taupe t'apprenne à labourer les champs ;
» Que l'exemple du Vers forme des Tisserans.
» Vois-tu le Nautilus sans rame, sans boussole,
» Sur le vaste Océan conduire sa gondole,

REMARQUES.

Vers 253. [*Vois-tu le Nautilus sans rame, sans boussole.*]
C'est un petit Poisson, dit l'Auteur, qu'Oppien, Liv. I. décrit
en cette maniere : Il renverse sa coquille qui ressemble au
corps d'un Navire, & nage sur la surface de la mer ; il éleve
en l'air deux de ses pattes qui lui tiennent lieu de mâts : entre ces deux pattes est une membrane qu'il étend en forme
de voile ; & il se sert de ses deux autres pattes, comme de
deux rames. On voit communément ce Poisson dans la Méditerranée.

Qu'il

255 » Qu'il te montre à voguer sur l'humide élément,
» A maîtriser les flots, à profiter du vent.
» Ici les Animaux par des régles certaines,
» Construisent avec art des cités souterraines ;
» Là bâtissant en l'air des arbres flotans,
260 » Ils sçavent se parer de l'injure du tems.
» De leurs sociétés les différentes formes,
» Toujours à leurs besoins te paroîtront conformes,
» T'apprendront, mais trop tard, quelles heureuses loix
» Font la félicité des Peuples & des Rois.
265 » Tu vois de la Fourmi la sage république ;
» L'Abeille offre à tes yeux un état monarchique ;
» Compare leur génie & leur gouvernement ;
» L'une pour le public toujours en mouvement,
» Enrichissant les siens, elle-même enrichie,
270 » Posséde l'art d'unir l'ordre avec l'anarchie.

REMARQUES.

Vers 266. (» *L'Abeille offre à tes yeux un état monarchique.*)
On a voulu nous faire regarder les sociétés des Abeilles comme l'exemple du parfait gouvernement monarchique ; comme si toujours conduite par un Chef, par un Roi, elles ne travailloient aux différens ouvrages auxquels elles s'occupent, que pour exécuter ses ordres. On a vanté leur admirable subordination. Tout ce que nous sçavons pourtant, c'est qu'elles travaillent en commun avec beaucoup d'industrie à différens ouvrages : Leur Roy est devenu une Reine, & ensuite plusieurs Reines ou femelles que nous sçavons être prodigieusement fécondes ; mais assurément, nous ignorons si elles donnent des ordres à tant d'Ouvriers, & rien ne conduit à le penser, malgré tout ce que nous en a rapporté le plus grand des Poëtes Latins. *Reaumur, premier Mémoire pour servir à l'Histoire des Insectes, Vol. I.*

» L'autre quoique soumise aux volontés d'un Roi,
» N'en est pas moins heureuse & moins libre chez soi ;
» Contente dans le fond de sa chere cellule,
» Elle jouit en paix des biens qu'elle accumule.
275 » Grave dans ton esprit les immuables loix,
» Qui mettent à couvert leur état & leurs droits ;
» Loix, qui de la Nature ont les sceaux respectables,
» Loix, que l'arrêt du Ciel rendit irrévocables.
» Ta frivole raison pour régler les Humains,
280 » En vain multipliera ses decrets incertains,
» Envain contre la fraude armera la Justice,
» Tu verra sous son nom triompher la malice,
» Et victime des Loix & de son Défenseur,
» Le Pauvre succomber sous le riche oppresseur.
285 » Va cependant, Mortel, sans Loix, sans régles sûres ;
» Va soumettre à ton joug toutes les Créatures ;
» Et que le plus habile attirant tout à lui,
» Commande à ses égaux & leur serve d'appui ;
» Que sçachant adoucir leurs mœurs encor sauvages,
290 » En leur portant des arts les divers avantages,
» Il soit par les bienfaits que répand sa bonté,
» Obéi comme un Roi, comme un Dieu respecté.

Par ces mots la Nature excita l'industrie,
Et de l'homme féroce enchaîna la furie.
295 On vit de toutes parts s'élever des cités,
Et les Mortels s'unir par des sociétés.
D'un Etat commençant la police nouvelle
Aux Peuples ses voisins sert bientôt de modéle.

EPITRE III.

Et tous deux à l'envi s'augmentant chaque jour,
300 Ils s'uniſſent entr'eux par crainte ou par amour.
L'un offre-t'il aux yeux l'agréable & l'utile,
Le Soleil y rend-il la terre plus fertile ?
L'autre eſt-il arroſé de paiſibles ruiſſeaux,
Voit-on dans ces vallons abonder les troupeaux ?
305 Chacun d'eux attiré par cette douce amorce,
Contre l'Etau voiſin veut employer la force.
Le jour de la raiſon leur défille les yeux,
Et bannit de leur cœur ces tranſports odieux ;
Ce qu'ils alloient ravir par la force des armes,
310 Ils l'obtiennent bientôt ſans combats, ſans allarmes.
D'un commerce réglé les retours aſſurés,
Leur apportent chez eux ces biens ſi deſirés.
L'intérêt ſatisfait, la paix eſt rétablie ;
Chacun à ſon voiſin de plus en plus ſe lie.
315 Dans ces jours où régnoient les mœurs, la bonne foi,
Où la pure Nature étoit l'unique Loi,
Où le cœur s'exprimant ſans art & ſans contrainte,
Découvroit ſon amour & ſans honte & ſans feinte,
Dans ces jours fortunés l'union & la paix
320 Avoient pour les Humains d'invincibles attraits.
Les Villes, les Etats prirent ainſi naiſſance.
Arbitre de ſon ſort, & dans l'indépendance,
L'Homme ignoroit encor ce pouvoir redouté,
Qui dans les mains d'un ſeul place l'autorité.
325 Mais bientôt ce pouvoir devenant néceſſaire,
On chercha dans un Roi moins un maître qu'un pere.

K ij

Un Mortel généreux, par ses soins, sa valeur,
Du Public qu'il aimoit faisoit-il le bonheur ?
Admiroit-on en lui les qualités aimables
330 Qui rendent aux enfans les peres respectables ;
Il commandoit sur tous, il leur donnoit la Loi,
Et le pere du peuple en devenoit le Roi ?

Jusqu'à ce tems fatal, seul reconnu pour maître,
Tout Patriarche étoit le Monarque, le Prêtre,
335 Le Pere de l'Etat qui se formoit sous lui,
Ses Peuples après Dieu n'avoient point d'autre appui ;
Ses yeux étoient leurs Loix, sa bouche leur Oracle,
Jamais ses volontés ne trouverent d'obstacle ;
De leur bonheur commun il devint l'instrument;
340 Du sillon étonné sortit leur aliment.
Il leur porta les Arts, leur apprit à réduire
Le Feu, l'Air, & les Eaux aux Loix de leur empire ;
Fit tomber à leurs pieds les habitans des Airs ;
Et tira les Poissons de l'abîme des Mers ;
345 Lorsqu'enfin abattu sous le poids des années,
Il s'éteint & finit ses longues destinées ;
Cet Homme comme un Dieu si long-tems honoré,
Comme un foible Mortel par les siens est pleuré,
Jaloux d'en conserver les traits & la figure,
350 Leur zéle industrieux inventa la Peinture.
Leurs Neveux attentifs à ces Hommes fameux,
Qui par le droit du sang avoient régné sur eux,
Trouvent-ils dans leur suite un Grand, un premier Pere ?
Leur aveugle respect l'adore & le révére.

EPITRE III.

355 Cependant, la raison venant leur retracer,
    Que la Terre & les Cieux avoient dû commencer,
    Ce principe certain conservé d'âge en âge,
    Apprit à distinguer l'Ouvrier de l'ouvrage ;
    Mais un seul Ouvrier sans égal, sans adjoint :
360 En admettre plus d'un, c'est n'en admettre point.
    Avant que l'esprit faux, rebelle à la lumiére,
    De ce dogme constant eût franchi la barriére,
    L'Homme usoit des présens dont le Ciel est l'Auteur,
    Sans jamais y trouver un piége séducteur.
365 Loin de regarder Dieu comme un Maître sévére,
    Il le voyoit toujours sous l'image d'un pere,
    L'amour de ses devoirs étoit sa seule Loi,
    Et par ce seul amour il lui marquoit sa foi.
    Le droit Divin étoit le droit de la Nature ;
370 Il présentoit à tous une lumiére pure.
    De l'Etre souverain ils n'appréhendoient rien ;
    Ils ne voyoient en lui que le souverain bien.
    Ces deux puissans ressorts, la Foi, la Politique,
    Rouloient également sur un principe unique ;
375 Elles avoient pour but d'unir dans notre cœur
    A l'amour des Humains l'amour du Créateur.
    Quel barbare Mortel à des ames esclaves,
    A des Peuples captifs dans de dures entraves,
    Enseigna le premier malgré l'ordre commun,
380 Que tous en général n'étoient faits que pour un ?
    Enorme opinion ! exception cruelle
    Aux points les plus précis de la Loi naturelle !

Tu renverses le Monde, anéantis les Loix,
Enfantes les Tyrans, & dégrades les Rois.
385 De la fureur aveugle à l'injustice unie,
Dans le trouble & l'horreur naquit la tyrannie.
Bientôt pour affermir sa domination,
Avec elle parut la superstition,
La cruelle employant son zéle fanatique,
390 S'étendit à l'abri du pouvoir despotique,
Erigea lâchement les Conquérans en Dieu,
Et courba leurs Sujets sous un joug odieux.
Elle les asservit aux plus folles chimères,
Fabriqua de ses mains des Dieux imaginaires,
395 Dieux foibles, Dieux changeans, injustes, emportés,
Jouets des passions, amis des voluptés ;
Formés par les Tyrans, ils en eurent les vices,
Et de leurs noirs forfaits devinrent les complices.
L'amour propre, effréné, voulut tout envahir,
400 Du juste & de l'injuste habile à se servir,
Il soumit ses égaux à des Loix arbitraires,
Fit valoir pour lui seul des droits imaginaires,
S'empara des honneurs, des biens & des plaisirs,
Et se crut tout permis pour flater ses desirs.
405 Mais ce même amour propre est la premiere cause
Des digues qu'à son cours la politique oppose.
Si l'objet que je cherche avec empressement,
Les autres comme moi l'aiment uniquement,
D'un bien dont cent Rivaux veulent la jouissance,
410 Je voudrois vainement flater mon espérance ;

Des prieres, des pleurs, un impuissant couroux
Pourront-ils me sauver de leurs efforts jaloux ?
Au défaut de la force une coupable adresse,
Pour enlever mes biens emploiera la finesse;
415 Ainsi la raison veut que pour ma sûreté,
Je souffre que la Loi gêne ma liberté.
L'intérêt est égal, alors chacun conspire
A garder de concert ce que chacun desire;
Pour leur propre avantage à la vertu forcés,
420 Les Rois mêmes, les Rois furent intéressés,
A régner par douceur, & non par violence,
A régler les desirs de l'avide puissance,
Et l'amour propre fit un habile trafic
Du bien particulier contre le bien public.
425   Alors le Ciel forma des Hommes magnanimes;
Poëtes, Orateurs, Philosophes sublimes;
Les uns pleins de respect pour la Divinité,
Les autres par amour de la société,
Trouverent cette Foi, cette Morale pure,
430 Que leurs premiers Auteurs tenoient de la Nature.
Ils marcherent au feu de son ancien flambeau,
Trop sages pour vouloir en chercher un nouveau;
Cherchant du Créateur à rétablir l'ouvrage,
Ils en tracérent l'ombre au défaut de l'image.
435 On dût à leurs avis ces salutaires Loix,
Qui réglent le devoir des Sujets & des Rois;
Ils leur apprirent l'art d'user de leur puissance,
Et sans trop de rigueur, & sans trop d'indolence;

Malgré l'ordre inégal & des biens & des rangs,
440 Ils liérent entr'eux les petits & les grands.
Un seul est opprimé; des rapports infaillibles
Rendent à son malheur tous les autres sensibles?
D'un désordre apparent vint un ordre réel;
Des divers intérêts le choc continuel
445 Produisit de soi-même un concert agréable,
Et l'Etat prit enfin une forme durable.
Tel est de l'Univers l'harmonieux accord,
Où par leur union, par leur commun effort,
Dans un ordre constant les différentes causes
450 Aux desseins du Très-Haut ramenent toutes choses.
Sans pouvoir se soustraire à ses pressantes Loix,
Hommes, Anges, Animaux, Maîtres, Esclaves, Rois,
Courent au même but, d'une vitesse égale,
Et servent de concert à la fin générale.
455 Que les spéculatifs recherchent follement,
Quel plan est le meilleur pour le gouvernement.
Tel qu'il soit, le meilleur, c'est le plus équitable,
Et dont le bien public est l'objet immuable.
Laissons les faux zélés dans leur prévention,
460 Parler aveuglement de la Religion.
Tout ce qui contredit cette fin principale,
Que Dieu se proposa pour sa Loi générale,
Porte visiblement l'empreinte de l'erreur;
Mais la Religion, qui corrigeant le cœur,
465 Seule procure à l'Homme un bonheur véritable,
Ayant Dieu pour Auteur, est seule respectable.

L'Homme

EPITRE III.

L'Homme ainsi que la Vigne a besoin de support,
Il lui faut des liens pour le rendre plus fort.
Comme ces Feux du Ciel, ces Planétes brillantes,
470 Qui roulant sur leur axe en leurs marches constantes,
Du même mouvement, qui subsiste toujours,
Vont au tour du Soleil, continuer leurs cours ;
Ainsi par des rapports réels, mais insensibles,
Quoiqu'opposés entr'eux, cependant compatibles ;
475 L'Homme éprouve en son cœur deux mouvemens divers,
Dont l'un tend à lui-même & l'autre à l'Univers.
Par l'ordre merveilleux qui régne en ses parties,
Qui pour la même fin les tient assujéties,
L'amour propre & l'amour de la société,
480 Tous deux de même espéce, ont même utilité.

Fin de la troisiéme Epitre

SOMMAIRE.

DE la nature & de l'état de l'Homme, par rapport au bonheur. Qu'est-ce que le bonheur ? Il a été mal défini par les Philosophes. Tous les Hommes tendent tous également au bonheur, & tous peuvent également y atteindre. Dieu gouverne par des Loix générales, & non par des Loix particuliéres ; il veut que le bonheur soit égal. Pour être tel, il doit se trouver dans la société, parce que tout bonheur particulier dépend du bonheur général. L'ordre, la paix, & le bien de la société demandent que les biens extérieurs soient

SOMMAIRE.

partagés inégalement entre tous les Hommes. Le bonheur ne consiste donc point dans ces sortes de biens. Malgré cette inégalité, la Providence, par le moyen de la crainte ou de l'espérance, sçait rendre tous les Hommes également heureux. En quoi consiste le bonheur de l'Homme comme individu. Jusqu'à quel point son bonheur est-il compatible avec l'ordre général de l'Univers ? Il est injuste d'imputer à la vertu les calamités qui ne sont qu'une suite des Loix générales de la nature. Combien il est déraisonnable d'attendre que Dieu change l'ordre des Loix générales en faveur de quelques Particuliers ! Nous ne pouvons connoître ici précisément quels sont les gens de bien ; mais tels qu'ils soient, ils doivent être à tout prendre, certainement les plus heureux. Les biens extérieurs ne sont pas une vraie récompense. Ils sont souvent incompatibles avec la vertu ; & souvent ils la détruisent. Ils ne peuvent rendre heureux un Homme sans vertu. Preuve de détail, richesses, dignités, naissance, grandeur, renommée, talens supérieurs. Les Hommes sont malheureux avec la possession de tous ces biens. La vertu seule constitue un bonheur, dont l'objet est universel & éternel. La perfection du bonheur consiste dans l'amour de Dieu & dans l'amour des Hommes. Récapitulation des principes renfermés dans les quatre Epitres.

ESSAI SUR L'HOMME.

EPITRE QUATRIE'ME.

O Bonheur, le mobile & la fin de tout Etre !
Sous quel nom aux Humains, te ferai-je connoître ?
Tranquillité, douceur, plaisir, contentement,
Charmant je ne sçai quoi, qu'un secret sentiment,
5 Qu'un soupir éternel incessamment appelle !
Toi dont l'espoir flateur dans leur course mortelle,
Endurcit les Humains contre les coups du sort ;
Qui leur fais sans pâlir envisager la mort.
Objet fixe & changeant, dont les Fous & les Sages
10 Se forment tour à tour de confuses images ;
Qui toujours prêt de nous, trompes notre desir,
Et fuis dans le moment où l'on croit te saisir ?
Plante qui dans les Cieux as pris ton origine,
Si portée ici-bas par une main divine,

L iij

15 Tu juges des Mortels dignes de t'élever,
Dis-nous, en quel climat ils peuvent te trouver.
Est-ce aux rayons trompeurs d'une cour opulente
Qu'on voit s'épanouir ta beauté ravissante ?
Sors-tu des lieux profonds, qui dérobent aux yeux
20 De l'or, du diamant, les trésors précieux ?
Peut-on dans les transports d'une sçavante yvresse
Te trouver sur les bords qu'arrose le Permesse ?
Ou doit-on te chercher à l'ombre des lauriers,
Que la gloire promet aux travaux des Guerriers ?
25 Quels sont les champs heureux où tu te plais à naître ?
Quels sont les tristes lieux où tu crains de paroître !
Quand pour te voir fleurir nous travaillons en vain,
Accusons la culture & non pas le terrain.
Le plus affreux séjour, le lieu le plus tranquille,
30 Au bonheur tour à tour peuvent servir d'asile.
Où l'on ne doit jamais le voir & le goûter,
Où par tout sur nos pas il doit se présenter.
L'or, ce grand séducteur sur lui n'a point d'empire,
Le mérite lui plaît & la vertu l'attire ;
35 S'il dédaigne des Rois la fastueuse cour,
Il a chez toi, Milord, établi son séjour.

Au solide bonheur quel chemin peut conduire ?
Philosophes fameux, daignez-nous en instruire !
Mais vous ne débitez que songes incertains,
40 L'un veut que je me livre à servir les Humains ;
L'autre veut qu'en secret une vie inutile
Me rende sans emplois satisfait & tranquille.

Celui-ci moins senfé me répond vaguement,
Qu'il place le bonheur dans le contentement ;
45 Celui-là du plaifir efclave volontaire,
Le croit pour le bonheur un fecours néceffaire ;
Un autre condamnant jufqu'au moindre defir,
Croit qu'en vivant fans peine on vit avec plaifir.
Honteux égarement ! trop aveugle ignorance !
50 Jamais du vrai bonheur ils n'ont connu l'effence.
D'autres doutent de tout, & par un fier dédain
Refufent de chercher un bonheur incertain.
De ces guides trompeurs fuyez la route obfcure,
Et fuivez conftamment les pas de la Nature.
55 Oui, fur tous les efprits & fur tous les états,
Le bonheur fait briller fes folides appas.
Au gré de nos defirs il s'offre de lui-même,
Et dédaigne toujours ce qui tend à l'extrême ;
Qui poffede un fens droit, qui poffede un bon cœur,
60 A dans fon propre fonds la fource du bonheur.
Chacun fe plaint du Ciel, & follement l'accufe
De prodiguer à l'un ce qu'à l'autre il refufe ;
La raifon eft pour tous, & ce riche préfent
Eft pour les rendre heureux un moyen fuffifant.
65 Mortels, je le répéte, un Loi générale
Détermine toujours la caufe principale :
Vous voulez que fes foins ne s'attachent qu'à vous,
Elle veut le bonheur, non d'un feul, mais de tous.

L iv

70 Dans les dons différens que le Ciel distribue,
Sa profonde sagesse a ce principe en vûe.
„ Pourquoi, me direz-vous, le bonheur des Mortels
„ Etant l'unique objet des decrets éternels ?
„ Pourquoi dans tous les biens un inégal partage ?
75 „ Pourquoi ne pas donner à tous même avantage ?
L'ordre, cet infléxible & grand Législateur,
Qui des decrets du Ciel est le premier Auteur,
L'ordre veut que les uns brillent par la sagesse,
Les autres par le rang, ceux-ci par la richesse,
80 Ceux-la par leurs talens, tandis qu'abandonnés,
Sans aucuns de ces dons la plûpart semblent nés.
Quiconque du bonheur connoîtra la nature,
Et bravera des sens l'agréable imposture,
Ne pensera jamais qu'il ne puisse être heureux,
85 Sans le fragile appui de ces biens dangereux.
De l'Etre souverain l'éternelle Sagesse,
Pour tous également agit & s'intéresse,
Et de ses dons divers le partage inégal
Devient le fondement du bonheur général.
90 C'est par ce seul motif qu'elle le fait dépendre
Des secours mutuels que nous devons nous rendre;
Et chacun attaché par ce secret lien,
Fait le bonheur commun en travaillant au sien.
Ce mélange étonnant qui régne en la nature,
95 Des Monts & des Vallons l'inégale structure,
Et du chaud & du froid les contrastes divers
Ne concourent-ils pas au bien de l'Univers ?

EPITRE IV.

Des différens états la trompeuse apparence,
100 Ne met dans le bonheur aucune différence.
Il ne change jamais, il est le même en soi,
Dans le plus vil sujet, & dans le plus grand Roi.
Lorsque de l'Eternel la Sagesse infinie
Souffla sur les Mortels un principe de vie,
105 Il mit en même tems dans le fonds de leur cœur
Un principe secret d'où coule le bonheur.
Mais que distribuant les biens de la Fortune,
Il en forme pour tous une masse commune,
De cette égalité naîtroient mille débats ;
110 L'Homme seroit en proye à d'éternels combats.
S'il est vrai qu'au bonheur tout Mortel peut prétendre,
Et que d'un juste choix le Ciel l'ait fait dépendre,
L'aura-t'il donc placé dans des biens superflus,
Plûtôt dûs au hasard qu'à nos propres vertus ?
115 A ses adorateurs la Fortune propice,
Dispense ses présens au gré de son caprice :
Selon qu'elle est facile, ou rebelle à leurs vœux,
Le Vulgaire les nomme heureux ou malheureux.
Laissons-le s'éblouir d'une fausse apparence,
120 Le Ciel les rend égaux dans sa juste balance.
Vous verrez les premiers par la crainte agités,
Tandis que les seconds par l'espoir sont flatés.
Les biens, les maux présens que le Ciel leur envoye,
Ne font point des Mortels la tristesse ou la joye ;
125 Mais la crainte ou l'espoir qu'ils ont de l'avenir,
Font toujours en secret leur peine ou leur plaisir.

O ! quelle est votre erreur, vils enfans de la Terre ?
Osez jusques aux Cieux porter encore la guerre ;
Allez, & par des monts sur les monts entassés,
130 Retracez des Géans les projets insensés.
Mais d'un bras immortel la foudre vengeresse,
De vos honteux efforts confondra la foiblesse ;
Votre rébellion, vos projets, votre orgueil,
Sous ces rochers brûlans vous ouvrent un cercueil.
135 Sçachez que tous les biens dont la nature sage,
En nous donnant le jour nous procure l'usage,
Le charme séducteur, dont s'enivrent les sens,
Les plaisirs de l'esprit encor plus ravissans,
Ces biens qui du bonheur portent le caractére,
140 Sont la santé, la paix, le simple nécessaire.
Lorsque sur la nature on régle ses besoins,
Combien s'épargne-t'on de travaux & de soins ?
Cherche à suivre en tous points la sage tempérance,
Un corps robuste & sain en est la récompense.
145 Pour vous, ô Paix du cœur, digne Fille des Cieux,
Vous êtes du bonheur le gage précieux.
La Fortune en suivant un aveugle caprice,
Aux bons comme aux méchans peut se montrer propice
Mais en vain de ses dons nous sommes possesseurs ;
150 S'ils ne sont mérités, ils n'ont plus de douceurs.
Comparez deux Rivaux dans leur poursuite ardente,
Des biens & des honneurs ils ont la même attente ;
L'un veut y parvenir à force de vertus,
L'autre par des forfaits ; qui des deux risque plus ?

155 Contemplez par le sort la vertu poursuivie,
Aux plus funestes coups sans relâche asservie;
Voyez régner le vice au gré de ses desirs,
Triomphant dans le sein des biens & des plaisirs;
Qui des deux est pour vous un objet respectable ?
160 Qui des deux, dites-moi, vous paroît misérable ?
Ces biens & ces plaisirs, ou vains, ou dangereux,
Qui flatent bassement l'orgueil du vice heureux;
Où la vertu les fuit redoutant leur surprise,
Où sa noble fierté les hait & les méprise,
165 Ce mépris, cette haine empoisonne les biens,
Dont jouit un méchant par d'indignes moyens;
Il manque à son bonheur de ne pouvoir prétendre
Aux respects que les bons refusent de lui rendre.
Funeste égarement ! trop aveugles Mortels,
170 Que vous connoissez mal les decrets éternels,
La vertu, selon vous, n'est qu'un triste avantage;
Selon vous, le malheur en est tout l'apanage.
Tandis qu'en ses projets le vice fortuné,
A jouir du bonheur vous paroît destiné.
175 Qui sçait se renfermer dans de justes limites,
Toujours soumis aux Loix que le Ciel a prescrites,
Attentif à régler son esprit & son cœur,
Est dans le vrai chemin qui conduit au bonheur.
Voi TURRENNE arrêté dans sa noble carriére,
180 Par un coup foudroyant couché sur la poussiére;

Voi son digne Rival, ce cœur plein d'équité,
Dans l'horreur du tombeau Barwik précipité;
Voi Sidney, voi Falkland, si fiers dans les allarmes,
Tout couverts de leur sang, nous demander des larmes.

REMARQUES.

Vers 182. [*Dans l'horreur du tombeau* Barvvik *précipité.*]
J'ai cru qu'il me seroit permis d'ajouter M. le Maréchal de Barvvik aux grands Hommes dont parle ici M. Pope. Je n'ai pû m'empêcher de rendre cet hommage à la mémoire d'un Héros qui a fait tant d'honneur aux Armes & à la Religion, & dont les vertus me sont d'autant plus présentes, que j'avois été chargé de prononcer son Oraison funébre.

His saltem accumulem donis & fungar inani
Munere.

Vers 183. [*Voi* Sidney, *voi* Falkland *si fiers*, &c.]
Philippe Sidney est compté parmi les plus grands Hommes de Lettre, de Guerre & d'Etat qu'ait produit l'Angleterre. Il fit dans sa jeunesse un Roman, intitulé *l'Arcadie*. Ouvrage qui est regardé par les Anglois, comme le meilleur qu'ils ayent en ce genre. Il traduisit une partie du Traité de la *Religion Chrétienne*, par Philippe de Mornay, & plusieurs autres Piéces. La grande réputation qu'il s'étoit acquise dans son Ambassade auprès de l'Empereur, & dans les Pays-Bas où il commandoit une partie des Troupes que la Reine Elisabeth avoit envoyées au secours des Hollandois, engagerent les Polonois à jetter les yeux sur lui pour la Couronne de Pologne; mais la Reine ne voulut pas lui permettre de se prêter à leur bonne volonté. Elle le nomma Gouverneur de Flessingue & de Ramekens. Il mourut avec de grands sentimens de piété d'une blessure qu'il reçut dans le combat de Zutphen contre les Espagnols.

Vers 183. [—— *Voi* Falkland, *si fiers dans les allarmes.*]
Le Vicomté de Falkland étoit Secretaire d'Etat du Roi Charles I. Il n'étoit âgé que de trente-trois ans, lorsqu'il fut tué à la bataille de Newbury contre les Rebelles. Il conserva toujours à la Cour, & au milieu des plus grands emplois une probité & une droiture dignes des premiers tems. Il ne put jamais gagner sur lui d'employer, ni de récompenser des Espions, ni d'ouvrir les Lettres qui venoient des personnes

Epitre IV.

185 Parle, est-ce la vertu qui termine leur sort,
Ou le noble mépris qu'ils ont fait de la mort?
Cher Digby, digne objet des pleurs de ta patrie,
Est-ce donc la vertu qui t'arrache à la vie?
Des traits les plus brillans après t'avoir orné,
190 Comme une jeune fleur t'a-t'elle moissonné?
Si la vertu du fils hâta ses destinées,
Pourquoi comblé d'honneurs & surchargé d'années,
Le pere jouit-il d'un destin glorieux?
Lorsqu'aux champs de Marseille un air contagieux
195 Portoit l'affreuse Mort sur ses rapides ailes,
Pourquoi toujours en butte à ses fléches mortelles,
Un Prélat s'exposant pour sauver son Troupeau,
Marche-t'il sur les morts sans descendre au tombeau?
Pourquoi le juste Ciel dans cette courte vie,
200 Qui par tant d'accidens nous est souvent ravie,

REMARQUES.

suspectes d'entretenir des correspondances dangereuses à l'Etat, ni en général de se prêter à aucuns de ces artifices, que la foiblesse ou la méchanceté des Hommes rendent nécessaires à ceux qui gouvernent. Il étoit versé dans la connoissance des meilleurs Auteurs Grecs & Latins, tant Sacrés que Prophanes. Il mourut, dit Clarendon, avec toute l'innocence de mœurs qu'on conserve dans la premiere Jeunesse, & avec toutes les connoissances & les vertus qui ne sont ordinairement que le fruit d'une longue vieillesse. *Clarendon, 2. part. osthe histori osthe rebellion. Vol. 3.*

Vers 187. [*Cher Digby, digne objet des pleurs de ta patrie.*] Il étoit fils du Milord de ce nom qui vit encore, & qui est dans une très-grande considération, quoiqu'il ne posséde aucunes Charges ni aucuns Emplois à la Cour.

Vers 197. [*Un Prélat s'exposant pour sauver son Troupeau.*] Henri-Xavier de Belsunce, encore aujourd'hui Evêque de Marseille, & nommé en 1709.

Aux pauvres, comme à moi, préparant des secours;
D'une mere que j'aime épargne-t'il les jours?
Qu'est-ce qu'un mal Phisique? un changement contraire
Aux Loix de la nature en son cours ordinaire.
205 Qu'est-ce qu'un mal Moral? un triste égarement
De notre volonté, qui change à tout moment.
Dieu, seul Auteur du bien en formant toute chose,
Du désordre, & du mal ne peut être la cause;
Sa Sagesse immuable en formant l'Univers,
210 Laisse un mouvement libre à ses Etres divers.
L'Homme voit dans le mal une flateuse amorce,
L'admettant dans son sein, il en accroît la force.
Lorsqu'un fils en naissant apporte un mal caché,
Fruit honteux des plaisirs d'un pere débauché;
215 Vous en blâmez le Ciel; blâmez donc sa Justice,
Lorsqu'il permet qu'Abel, le juste Abel périsse.
Ne pensez pas que Dieu, comme un timide Roi,
Changeant à votre gré sa primitive Loi,

REMARQUES.

Vers 202. [*D'une mere que j'aime épargne-t'il les jours.*] La mere de M. Pope vivoit encore, lorsque ces Epitres parurent; elle est morte en 1733. âgée de 93. ans. Elle étoit distinguée par sa piété & par son amour pour les Pauvres. Il en parle plus au long dans une Epitre en Vers, adressée au célebre Docteur Arbuthnot, piéce d'autant plus curieuse, qu'elle contient une Apologie des Ecrits & de la personne de l'Auteur. Il y donne aussi de grandes marques de respect pour la mémoire de son pere, qui étoit d'une famille noble, originaire de la Comté d'Oxford. Il mourut en 1715. à l'âge de 75 ans. Au reste, quoiqu'il y ait long-tems que M. Pope soit regardé comme le premier parmi les Poëtes de sa Nation, il n'a pas encore 50 ans, étant né en 1688. ainsi il y a lieu d'esperer qu'il conservera encore long-tems un rang si glorieux.

Pour quelques Favoris qu'il adopte & qu'il aime,
220 De ce vaste Univers dérange le système.

Quoi ! pour céder aux cris d'un sage infortuné,
D'un tourbillon de feu par tout environné,
L'impétueux Ethna rappellant son tonnerre,
Le renfermera-t-il dans le sein de la terre ?

225 BETHEL ! lorsque l'hyver tu te sens oppressé,
Cédant à tes vertus, le Ciel sera forcé
De fixer des saisons l'inconstance ordinaire,
Pour rendre en ta faveur l'air doux & salutaire ?
Suspendra-t-il dans l'air un rocher ébranlé,
230 Parce que sous son poids tu peux être accablé ?
Ira-t-il révoquer la Loi qui détermine
Chaque corps à tomber du côté qu'il incline ?
Faudra-t-il d'un vieux Temple affaissé par les ans,
Raffermir tout à coup les pilliers chancellans ;
235 Attendre que CHARTERS y porte un front coupable,
Et qu'en ce même instant une voute l'accable ?

REMARQUES.

Vers 222. [*Quoi ! pour céder aux cris d'un Sage infortuné.*] L'Auteur fait sans doute allusion à la triste fin de Pline l'Ancien. Ce célébre Naturaliste ayant voulu examiner de trop près le fameux embrasement du Mont Vesuve, qui arriva l'an 79. de J. C. fut tout à coup enveloppé d'un tourbillon de cendre & de vapeurs sulphureuses qui le suffoquérent.

Vers 225. [*Bethel ! lorsque l'hyver tu te sens oppressé.*] C'est un Gentilhomme particulier qui vit à Londres dans une grande réputation de vertu & de probité ; il est d'une constitution très-foible. M. Pope, dans une de ses Epitres Morales en Vers, le loue *de ce qu'il dit toujours ce qu'il pense ; & de ce qu'il ne pense jamais que ce qu'il doit penser.*

Vers 235. [*Attendre que* CHARTERS *y porte un front coupable.*] François Charters a peut-être été le seul homme qui ait

Que si vous condamnez dans vos injustes vœux,
L'arrangement d'un monde où le crime est heureux;
Suivons pour un moment votre aveugle manie,
240 Mettons dans l'Univers plus d'ordre & d'harmonie.
J'en conviens avec vous, des Hommes vertueux,
Méritent le projet que nous formons pour eux.
De Justes seulement composons un Empire ;
Mais dans le fond des cœurs Dieu seul a droit de lire;
245 Hé! quel autre qu'un Dieu pourra nous révéler
Ces Justes que vos soins prétendent rassembler!
L'un croit voir dans Calvin un organe céleste ;
Comme un monstre infernal un autre le déteste.
Ce qui pour une Secte est une vérité,
250 Comme un dogme trompeur par l'autre est rejetté ;

REMARQUES.

trouvé le secret de tromper sans jamais employer le masque de la vertu & de l'honneur. A l'exception de la prodigalité & de l'hypocrisie, il s'étoit rendu infâme par toutes sortes de vices ; son extrême avarice l'avoit garanti du premier, & son impudence sans égale ne lui permettoit pas de recourir au second. Etant Enseigne en Flandres, il fut chassé de son Régiment, & banni ensuite de Bruxelles & de Gand pour différens vols. Après avoir par ses friponneries gagné considérablement au jeu, il se mit à prêter à grosse usure, qu'il exigeoit avec une rigueur excessive, & fit de sa demeure une de ses maisons dont le nom seul est infâme. Enfin, par une attention continuelle à profiter des vices, des besoins, & des folies des Hommes, il amassa des biens immenses pour un Particulier. Il fut deux fois mis en Justice pour crime de Viol ; mais ses richesses le mirent à l'abri de la sévérité des Loix, & il en fut quitte pour quelques mois de prison. Il est mort en Ecosse en 1731. âgé de 62. ans. La corruption de ses mœurs l'avoit rendu si odieux, qu'à son enterrement la Populace se mutina, brisa son Cercueil, & voulut jetter son corps à la Voirie. *Voyez M. Pope, Third Ethik Epistle.*

De divers préjugés nos ames possédées,
Sur les mêmes sujets ont diverses idées.
Ce qui fait mon plaisir deviendroit ton tourment;
Le prix de ma vertu seroit ton châtiment.
255 Les plus Sages toujours ne pensent pas de même;
Seroient-ils donc heureux par un même système?
Que chacun des Mortels en ait un différent,
On verroit bientôt naître un désordre plus grand.
Tout est bien comme il est; l'arrangement du Monde
260 Prouve de l'Eternel la Sagesse profonde,
A César criminel ce Monde abandonné,
Au vertueux Titus ne fut-il pas donné?
Qui fut le plus heureux? l'un dont l'ame hautaine
Fit gémir dans les fers la liberté Romaine;
265 Ou l'autre dont les vœux n'étoient point satisfaits,
S'il ne marquoit ses jours par autant de bienfaits?
La vertu, direz-vous, froidement admirée,
A la triste indigence est quelquefois livrée,
Et le vice orgueilleux jouit du superflu.
270 Quoi! l'abondance est-elle un prix de la vertu?
C'est le prix du travail; les soins, la vigilance,
Doivent même aux méchans procurer l'abondance;
C'est bien la mériter, que d'affronter les Mers,
Où pour l'avidité tant d'écueils sont couverts.
275 Le Sage est quelquefois ami de l'indolence,
Et d'un œil dédaigneux regarde l'opulence;
Le seul contentement est l'objet de ses vœux.
Mais donnons-lui du bien, le croirez-vous heureux!

» Non sans doute, il lui faut la santé, la puissance ;
280 » C'est-là de ses vertus la juste récompense.
Ajoûtons, j'y consens, & puissance & santé ;
Qu'il ait ce qui peut plaire à la cupidité.
» Pourquoi, me direz-vous, lui donner des limites ?
» Aux dons qu'il doit prétendre, en est-il de prescrites ?
285 » Voulez-vous que d'un autre il reçoive la Loi ?
» Pour prix de ses vertus, je prétends qu'il soit Roi.
Mais pourquoi de ses droits restraindre l'étendue
Aux biens extérieurs qui brillent à la vûe ;
Demandez qu'il soit Dieu, demandez qu'à ses yeux
290 La terre offre l'éclat & les plaisirs des Cieux.
De desirs en desirs votre aveugle manie
Epuiseroit de Dieu la puissance infinie.
Pourroit-elle jamais rassasier un cœur,
Qui dans ce qu'il n'a pas veut chercher le bonheur ?
295 Le calme d'un cœur pur, les délices d'une ame,
Qu'aucun trouble n'émeut, qu'aucun desir n'enflamme ;
Bonheur que l'Univers ne sçauroit procurer,
Que tout l'effort humain ne sçauroit altérer ;
Bonheur, qui dans nous seuls doit prendre sa naissance,
300 Voilà de la vertu la digne récompense.
Voulez-vous qu'en un char fait pour la vanité,
De superbes Coursiers traînent l'humilité ?
Qu'à conserver nos droits la Justice occupée,
Porte du Conquérant la criminelle épée ?
305 Et que la vérité, simple dans sa candeur,
Se pare de la pourpre & marche avec splendeur ;

Que l'Amour généreux qui défend la Patrie,
Prenant le Sceptre en main, se change en tyrannie?
De ces dons la Vertu connoissant le danger,
310 Ou les fuit, ou du moins gémit de s'en charger.
Tel qui dans son Printems étoit plein de sagesse,
Gâté par la Fortune a terni sa vieillesse.
    Commençons par l'attrait, qui sur le cœur humain
A pris plus que tout autre un pouvoir souverain;
315 La Richesse jamais n'eut un droit légitime
De gagner notre amour, d'attirer notre estime.
Des Parlemens entiers à la honte des Loix,
Ont quelquefois vendu leur criminelle voix;
Mais l'estime & l'amour, libres dans leurs suffrages,
320 A la seule vertu présentent des hommages.
Ce Mortel vertueux, dont le cœur & l'esprit
Le font chérir des siens autant qu'il les chérit;
Qui porte en un corps sain une ame encor plus saine,
Le croirez-vous l'objet de la Céleste haine,
325 Parce qu'au nécessaire étroitement borné,
A d'amples revenus il n'est point destiné?
    Et la honte & l'honneur sont dans les mains des hommes;
Ils ne dépendent point de la place où nous sommes.
Le Ciel en divers rangs voulut nous établir,
330 Le véritable honneur est de les bien remplir.
La fortune à juger par la seule apparence,
   're tous les Mortels met quelque différence.

L'un dans un riche habit nous montre sa fierté ;
L'autre sous des lambeaux cache sa vanité.
335 Couvert d'un tablier l'Artisan se pavane,
Le Prêtre s'applaudit dans sa longue soutane.
Un Moine de son froc se couvre gravement,
La Couronne est d'un Roi le superbe ornement.
Quoi s'écriera quelqu'un, le Froc & la Couronne !
340 Rien n'est plus différent. Mon discours vous étonne ;
Apprenez qu'à mes yeux les vices, les vertus,
Le Sage & l'Insensé différent encore plus.
Que d'un lâche Artisan imitant la bassesse,
Le Prêtre comme lui se plonge dans l'ivresse ;
345 Qu'à l'exemple d'un Moine un Monarque indolent
N'apporte à ses Conseils qu'un esprit nonchalant ;
Et le Prêtre & le Roi n'ont rien de respectable ;
C'est un vil Artisan, un Moine méprisable.
Par le mérite seul on peut être élevé,
350 Tout est bas & rampant quand on en est privé.
L'état le plus abjet, comme le rang suprême,
Sont les dehors de l'Homme, & non pas l'Homme même.
Les Rois, & plus souvent les Maîtresses des Rois,
Te pourront illustrer sans raison ni sans choix.
355 Du sang de tes Ayeux tu vantes la noblesse,
Je veux qu'il ait coulé de Lucrece en Lucrece ;

REMARQUES.

Vers 356. (*Je veux qu'il ait coulé de Lucrece en Lucrece.*)
On peut voir par ce Vers, & par plusieurs autres du même
Auteur, que les Poësies de Despreaux lui sont familiéres

ÉPITRE IV.

Mais ne m'étale point leurs Titres fastueux,
Il faut me les montrer constamment vertueux ;
Dignes par leurs travaux de vivre dans l'Histoire,
360 Si tu veux sans rougir te parer de leur gloire,
S'ils ont vécu sans mœurs, sans courage & sans foi,
Le nom qu'ils t'ont laissé ne parle plus pour toi.
Vainement leur Noblesse, où ton orgueil se fonde,
Remonteroit au tems du nauffrage du monde ;
365 Ce nom qu'ils ont terni, bien loin de t'illustrer,
Aux yeux de la raison doit te deshonorer.
D'un cœur ignoble & bas rien n'efface les taches,
Rien ne peut anoblir ni des Sots ni des Lâches ;
Et fussent-ils issus du premier des Talbots,
370 Je ne respecte point des Lâches ni des Sots.

Contemplons la Grandeur, d'où prend-elle naissance ?
Qui la fait éclater ? la valeur, la prudence.
Politiques profonds ! rapides Conquérans !
L'Univers ébloui vous place aux premiers rangs.
375 Que pour en mieux juger, la raison nous éclaire ;
Les Guerriers sont marqués au même caractére,
Depuis ce Furieux de carnage altéré,
Du beau titre de Grand par la Gréce honoré,
Juqu'à ce Roi du Nord, dont la valeur extrême
380 Ne fut pas moins funeste aux autres qu'à lui-même.

REMARQUES.

Vers 369. (*Et fussent-ils issus du premier des Talbots.*) C'est le nom d'une des plus grandes Maisons d'Angleterre, d'où sont sortis les Seigneurs de Grafton, depuis Comtes de Shrevvsbury.

Un Héros cherche à vaincre, & ne peut s'en lasser,
Tant qu'il lui reste encore un Peuple à terrasser.
Un Héros sur ses pas ne tourne point la tête,
Il court rapidement de conquête en conquête,
385 Et sans cesse de sang arrose ses lauriers,
Seul & frivole objet de ses travaux guerriers.
Voilà le Conquérant ; quel est le Politique ?
Un Mortel circonspect, dont tout l'esprit s'applique
A lire dans nos cœurs par ses tours captieux,
390 Sans que jamais le sien se dévoile à nos yeux ;
Il cherche à nous tromper. Nommerons-nous Sagesse
Un Art, qui n'est fondé que sur notre foiblesse ?
Mais enfin j'y consens ; que des succès heureux
Les conduisent au but où tendent tous leurs vœux ;
395 Que l'un nous asservisse, & l'autre nous abuse ;
L'un par la force ouverte, & l'autre par la ruse,
L'artifice pervers, l'homicide valeur,
Seroient-ils, selon vous, les sources de l'Honneur ?
Non, celui qui ne prend que la vertu pour guide,
400 Qui s'éleve aux honneurs dont il n'est point avide ;
Celui qui sans gémir dans l'exil, dans les fers,
Conserve sa grandeur au milieu des revers,
Soit que par ses vertus aimé de sa Patrie,
Sage comme Antonin, il désarme l'envie ;
405 Soit que persécuté par un injuste sort,
Ferme comme Socrate, il reçoive la mort,
Celui-là seul est grand, & digne qu'on l'admire.
Cette immortalité que notre orgueil desire,

Que par tant de travaux nous voulons acheter,
410 N'est qu'une illusion qui doit peu nous flater.
Le tems de notre vie est le tems de la gloire.
Celle que vous voulez retrouver dans l'Histoire,
N'est qu'un frivole amas d'éloges superflus,
Un vain concert de voix que vous n'entendrez plus.
415 Milord, quand le destin bornant votre carriére,
Viendra malgré nos vœux vous ravir la lumiére,
Que vous servira-t'il qu'un suffrage incertain
Se partage entre vous & l'Orateur Romain ?
Du bruit doux & flateur qu'on nomme Renommée,
420 Notre ombre chez les Morts peut-elle être charmée ?
Ce plaisir se termine à voir autour de nous
Des Amis satisfaits, ou des Rivaux jaloux.
Le reste des Humains confusément admire
César qui ne vit plus, Eugéne qui respire,
425 Sans distinguer les lieux, ni le tems, ni le nom,
L'un traversant le Rhin, l'autre le Rubicon.
Tel est le triste sort du plus ferme courage.
Les talens de l'esprit ont-ils plus d'avantage :
Les honneurs passagers d'un stérile Laurier
430 Sont le prix du Sçavant, ainsi que du Guerrier.

REMARQUES.

Vers 426. (*L'un traversant le Rhin, l'autre le Rubicon.*) Le Rubicon, aujourd'hui le Pisatello, coule dans la Romagne. Il est fameux dans l'Histoire, parce que César leva l'Etendart de la Guerre Civile, & se déclara ouvertement contre Pompée, ou plûtôt contre la République, en conduisant ses Légions au-delà de ce Fleuve, qui servoit de bornes à son Gouvernement des Gaules.

Un Mortel vertueux, un Mortel vraiment sage,
De la main du Très-Haut est le plus noble ouvrage,
Et le seul dont le Nom justement respecté,
Soit digne de passer à la postérité.
435 Cet intime plaisir qui naît de l'innocence,
Que la vertu produit, qui fait sa récompense,
N'est-il pas plus touchant que ces cris redoublés,
Qu'exhale la faveur des Peuples assemblés ?
Quel seroit ton bonheur, lorsque la Renommée
440 D'un encens imposteur t'offriroit la fumée,
Si ton cœur démentant ses éloges pompeux,
T'accabloit en secret de reproches honteux ?
Marcellus est rempli d'une plus vive joye
Dans cet illustre exil, où le Tyran l'envoye,
445 Que César triomphant, en voyant à ses piés
Le Peuple & le Sénat ramper humiliés.
Les funestes Auteurs d'une trahison noire,
D'un patricide affreux sont placés dans l'Histoire.
Quels noms sont plus connus, plus souvent répétés ?
450 Mais plus ils sont fameux, plus ils sont détestés.
Les sublimes talens furent votre partage ;
Apprenez-nous, Milord, quel en est l'avantage.

REMARQUES.

Vers 443. (*Marcellus est rempli d'une plus vive joye.*) Il avoit été exilé à Athènes après la défaite de Pompée, dont il avoit pris le parti ; mais César le rappella à la prière du Sénat, & ce fut à cette occasion que Ciceron prononça la fameuse Harangue *pro Marcello*.

Qu'apportent-ils

Qu'apportent-ils à l'Homme ? un triste désespoir,
Il voit que plus il sçait, plus il reste à sçavoir.
455 Ils éclairent nos yeux sur les défauts des autres,
Et nous font ressentir plus vivement les nôtres.
Occupé nuit & jour dans les premiers emplois,
Un esprit transcendant en soutient tout le poids;
Si l'amour des beaux Arts le conduit au Parnasse,
460 Quel Juge y trouve-t'il pour y regler sa place ?
En butte aux traits malins d'un Rival envieux,
Plus il acquiert d'éclat, plus il blesse ses yeux.
Veut-il d'un plus beau zéle animant son courage,
De l'Etat en danger prévenir le naufrage ?
465 Loin de le seconder dans ses nobles transports,
Ou l'on blâme, ou l'on craint ses généreux efforts.
O! funeste bonheur! triste prééminence!
Que donnent aux Mortels l'esprit & la science!
Trop sage pour goûter ces frivoles plaisirs,
470 Qui du foible Vulgaire amusent les desirs;
D'un côté la raison, & de l'autre l'envie,
Les privent tour à tour des douceurs de la vie.
Parcourons d'un coup d'œil les différens objets
Où se portent nos vœux, où tendent nos projets.
475 D'abord réduisons-les à leur juste mesure,
Et pesons le bonheur que chacun d'eux procure.
Toujours l'un prend sur l'autre & souvent le détruit;
La peine les précéde, & le dégoût les suit.
A quel prix leur douceur nous est-elle donnée?
480 De combien d'amertume est-elle empoisonnée!

Si de leur faux éclat tes yeux font fafcinés,
Voi donc à quels Mortels ces biens font deftinés:
Voudrois-tu te changer contre ces ames baffes,
Sur qui le fort fe plait à répandre ces graces?
485 Si l'éclat d'un Ruban, vaine marque d'honneur,
En flatant ton orgueil, te paroît un bonheur;
Voi fi cet ornement donne un air de nobleffe
Au Chevalier SANDERS, à Milord INVERNESSE.
L'or feroit-il l'objet de tes defirs jaloux?
490 Jette les yeux fur LISE & fur fon trifte Epoux.
De briller par l'efprit aurois-tu la manie?
Rappelle-toi, BACON, ce fublime génie;
Cet homme fi profond, fi grand dans fes écrits,
Devient par fa conduite un objet de mépris.
495 De l'immortalité fi le defir te touche,
Si tu veux que ton nom paffe de bouche en bouche,

REMARQUES.

Vers 492. (*Rappelle-toi Bacon, ce fublime génie.*) François Bacon, Baron de Vérulam, Vicomte de Saint-Albans, & Grand Chancelier d'Angleterre, fut encore plus illuftre par l'étendue de fon fçavoir, que par l'éclat des dignités dont il fut revêtu. Il avoit trouvé l'art d'allier ce que la Théologie, la Jurifprudence & la Philofophie ont de plus profond & de plus abftrait avec ce que la connoiffance de l'Hiftoire, de la Poëfie & des Belles Lettres ont de plus agréable & de plus inftructif. Sa foibleffe & fon extrême liberalité firent le malheur de fa vie. Il fe vit réduit à une fi grande pauvreté, que peu avant fa mort, il écrivit à Jacques I. pour lui demander quelque fecours, de peur, lui difoit-il, qu'après n'avoir fouhaité de vivre que pour étudier, je ne fois obligé d'étudier pour vivre.

ÉPITRE IV.

Songes que de Cromwel le nom & les forfaits,
Devenus immortels ne périront jamais.
De ces differens biens si le riche assemblage,
500 Du solide bonheur te présente l'image,
Prends de leur fausseté l'Histoire pour garand ;
Vois-y l'Homme d'Etat, & le Riche, & le Grand,
Et les Guerriers fameux séduits par l'apparence,
De ces fragiles biens pleurer l'insuffisance.
505 Qu'un Courtisan sans foi, par son Art imposteur,
D'un Maitre qu'il trahit ait sçu gagner le cœur ;
Crois-tu qu'il soit heureux, quand l'intrigue & la ruse,
Sont les honteux appuis d'un rang dont il abuse.
Dans sa propre grandeur il trouve son tourment,
510 Quand la honte & la fraude en sont le fondement.
Ainsi des vils roseaux d'une rive fangeuse,
On vit jadis sortir Venise l'orgueilleuse.
Voi parmi les Héros, voi, malgré leur splendeur,
Marcher d'un pas égal le crime & la grandeur :
515 En vain de ce beau nom le Vulgaire le nomme,
Ce qui fait le Héros dégrade souvent l'Homme.
Dans le plus grand éclat de leurs exploits guerriers,
Regarde-les couverts d'équivoques Lauriers,
Lauriers toujours le fruit d'une ardeur sanguinaire,
520 Et quelquefois le prix d'un trafic mercénaire.
Contemple-les enfin épuisés de travaux,
Ou perdus de mollesse, & consumés de maux ;
On ne voit plus en eux que d'illustres coupables,
Dans leurs propres Palais devenus méprisables ;

525 Ils trainent sans honneur le reste de leurs jours.
　　La mort vient-elle enfin en terminer le cours ?
　　Une femme hautaine, un héritier avide,
　　Se font de leurs trépas une douceur perfide ;
　　Et loin de soulager leurs mortelles langueurs,
530 Du sort qui les accable augmentent les rigueurs.
　　Hélas ! par leur midi que ta vûe éblouie,
　　Ne te séduise pas sur le jour de leur vie ;
　　De leur matin obscur, de leur soir ténébreux,
　　Rappelle à ton esprit les momens malheureux.
535 Eh ! que restera-t'il de tant de renommée,
　　Qu'un souvenir confus, qu'une vaine fumée,
　　Où leur gloire & leur crime également tracés,
　　L'un par l'autre seront tour à tour effacés ?
　　Apprends, foible Mortel, & qu'à cette science
540 Se borne, s'il se peut, toute ta connoissance ;
　　Apprends donc qu'il n'est point ici-bas de bonheur,
　　Si la vertu ne régle & l'esprit & le cœur.
　　La vertu sçait trouver le seul point immuable,
　　Elle rend le bonheur aussi parfait que stable ;
545 Des traits de la Fortune elle brave l'effort,
　　Et nous met au-dessus des caprices du sort.
　　Sans flater notre esprit d'une vaine espérance,
　　Elle donne à chacun sa juste récompense.
　　Soit que sa main reçoive ou verse des bienfaits ;
550 Son plaisir est égal, ses vœux sont satisfaits.
　　En proye à la douleur, seule dans sa retraite,
　　Elle goûte toujours une douceur secrete ;

Le vice en reſſent moins au milieu des plaiſirs,
Qui ſans remplir ſon cœur irritent ſes deſirs.
555 Du plus affreux objet, du lieu le plus ſauvage,
La vertu ſans effort tire quelque avantage.
Sans jamais ſe laſſer, toujours en mouvement;
Toujours prête ſans trouble à tout événement.
Que ſes rivaux jaloux tombent dans la diſgrace,
560 Qu'un revers imprévû confonde leur audace;
Qu'ils montent par le crime au comble des honneurs,
Elle voit du même œil leur gloire & leurs malheurs.
Soumiſe aux Loix du Ciel, & jamais empreſſée
A former de projets une chaîne inſenſée,
565 Elle étouffe ou bannit tous deſirs ſuperflus,
Les ſiens ſont ſatisfaits auſſi-tôt que conçus.
Tel eſt le vrai bonheur : la Divine Sageſſe
En a fait aux Humains une égale largeſſe;
Il eſt le ſeul ſenſible aux plus groſſiers eſprits;
570 Le ſeul dont tous les cœurs puiſſent ſentir le prix.
Bonheur que les méchans, pauvres dans l'opulence,
Et malgré leur ſçavoir, plongés dans l'ignorance,
Recherchent nuit & jour ſans pouvoir l'acquerir,
Tandis que de lui-même aux bons il vient s'offrir.
575 A l'Homme vertueux l'eſpérance fidelle,
Fait briller pour lui ſeul ſa lumiére immortelle,
Juſqu'à cet heureux jour où l'ardeur de la Foi
La rempliſſe, l'abſorbe, & la confonde en ſoi.
Jour heureux où de Dieu notre ame pénétrée,
580 Sera du vrai plaiſir pour toujours ennivrée.

La Nature nous porte en ces terrestres lieux
A rechercher les biens qui s'offrent à nos yeux ;
Tandis que de la Foi les arrêts infaillibles,
Nous montrent le bonheur dans des biens invisibles.
585 Les animaux guidés par l'attrait de leurs sens,
Bornent tous leurs desirs aux seuls besoins présens ;
Mais l'Homme que le Ciel doua d'intelligence,
S'étend dans l'avenir aidé par l'espérance.
La Nature & la Foi par l'appas du bonheur,
590 Tournent à la vertu les desirs de son cœur,
Redressent doucement sa pente tortueuse,
Brisent des passions la fougue impétueuse,
Et le portant sans cesse à tendre vers le bien,
Dans le bonheur d'autrui lui font trouver le sien.
595 Ainsi donc l'amour propre est rendu sociable,
Aux yeux même du Ciel il devient agréable ;
Par lui l'Homme se rend doux, bienfaisant, humain,
Et ne sçauroit s'aimer qu'il n'aime son prochain.
Des nobles sentimens dont ton ame est pourvûe,
600 Est-ce trop, selon toi, resserrer l'étendue ?
Jusqu'à tes ennemis, par de plus grands efforts,
Porte de ton amour les généreux transports.
Sur celle de ton Dieu régle ta bienveillance ;
Que ton cœur s'intéresse à tout Etre qui pense,
605 A tout Etre qui vit ; à ces Mondes divers,
Qui forment avec toi cet immense Univers.
De l'Amour propre en nous l'impétueuse flamme,
Anime à la vertu les puissances de l'ame ;

EPITRE IV.

Comme on voit une pierre en tombant dans les eaux,
610 Y former à l'instant des cercles inégaux,
Qui croissant par degrès de distance en distance,
A mille autres bientôt donnent encor naissance.
De même l'amour propre agissant sur le cœur,
Fait chérir le parent, l'ami, le serviteur;
615 Après eux la Patrie attire sa tendresse;
A tout le genre humain enfin il s'intéresse;
Et suivant de son cœur les premiers mouvemens,
Il en répand par tout les vifs épanchemens.
Plus l'Homme vertueux devient sensible & tendre,
620 Plus il sent son bonheur s'agrandir & s'étendre;
Et quand son feu s'épure & devient charité,
Il met enfin le comble à la félicité.

Arbitre de mes Chants, mon génie & mon maître,
Seconde les transports que toi-même as fait naître,
625 Tandis qu'en liberté variant mes accens,
Je m'éleve tantôt, & tantôt je descends,
Que ma muse de l'Homme expose la noblesse,
Ou découvre au grand jour le fond de sa bassesse;
Qu'animé par le feu de tes doctes leçons,
630 Je prenne, comme toi, tous les airs, tous les tons.
Que selon le sujet, par un sage contraste,
Je tombe sans bassesse, & m'éleve sans faste;
Que je puisse, imitant ton stile ingénieux,
Passer du grave au doux, du vif au sérieux,
635 Dans les traits les plus forts éviter la rudesse;
Dans le plus grand essor conserver la justesse,

Et donner de la grace à mes raisonnemens,
Sans affoiblir leur poids par de vains ornemens.
O ! tandis que ton nom recueillant notre hommage,
640 Sur le courant du tems paſſera d'âge en âge;
Dis-moi, puis-je eſpérer que mon frêle vaiſſeau,
Accompagne de loin un triomphe ſi beau;
Qu'avec toi partageant le vent qui te ſeconde,
Mon nom avec le tien vole un jour dans le monde.
645 Lorſqu'enfin les Héros, les Miniſtres, les Rois,
De l'implacable Mort auront ſubi les Loix;
Que les fils rougiront, informés que leurs peres
Jaloux de ton éclat furent tes adverſaires,
Perçant de l'avenir les voiles ténébreux,
650 Ces Vers apprendront-ils à nos derniers Neveux;
Que m'ouvrant les tréſors de la Philoſophie,
Tu fus & le ſoutien & l'honneur de ma vie :
Qu'encouragé par toi, je cherchai dans mes Chants,
Non, le charme des ſons, mais la beauté du ſens;
655 Que j'oſai négliger les peintures brillantes,
Pour préſenter au cœur des vérités touchantes;
Qu'éteignant de l'erreur le vulgaire flambeau,
Je fis ſur les Mortels briller un jour nouveau;
Que de l'orgueil humain confondant l'impoſture,
660 J'appris que tout eſt bien dans toute la Nature;
Que de nos paſſions les prompts élancemens
Prêtent à la raiſon d'utiles inſtrumens;
Que l'amour propre au fonds, loin d'être mépriſable,
Fait le bonheur de l'Homme & le rend ſociable;

665 Qu'il ne peut ici-bas être vraiment heureux,
Si la seule vertu n'est l'objet de ses vœux ;
Et que pour un Mortel la science suprême,
Est enfin de sçavoir se connoître soi-même.

Fin de la quatriéme & derniere Epitre.

TABLE
DE L'ESSAI SUR L'HOMME.

Sommaire de la premiere Epitre, page	62
Epitre premiere,	65
Sommaire de la seconde Epitre,	82
Epitre deuxiéme,	85
Sommaire de la troisiéme Epitre,	101
Epitre troisiéme,	103
Sommaire de la quatriéme Epitre,	122
Epitre quatriéme,	125

LES PRINCIPES
DU GOÛT,
OU
ESSAI
SUR LA CRITIQUE

SOMMAIRE.

LES mauvais Critiques ne sont pas moins communs que les mauvais Ecrivains, & sont plus dangereux. Il faut être né avec le don de bien juger, comme avec le don de bien écrire. Le vrai goût est aussi rare que le vrai génie. Tous les Hommes sont nés avec quelque goût, mais de mauvaises études l'altérent insensiblement. Diverses causes de la corruption du goût. Tout bon Critique doit connoître exactement la portée de son esprit, & posséder à fond les matiéres dont il entreprend de juger. Danger de ne sçavoir qu'à demi. Nos jugemens ne peuvent être sûrs qu'autant qu'ils sont puisés dans la Nature. Elle est tout à la fois la source, la fin & la régle de l'Art. Combien il est difficile & cependant nécessaire d'accorder entr'eux l'esprit & le jugement. L'Art n'est que la Nature réduite en régle. Les régles ont été tirées de la pratique des Anciens. Utilité de la Critique; abus qu'on en fait. Un des meilleurs moyens d'éviter ces abus, est l'étude des Anciens, & principalement d'Homere & de Virgile. Eloge des Anciens.

ESSAI SUR LA CRITIQUE.

CHANT PREMIER.

L est sur l'Hélicon deux sommets différens,
Où chacun à l'envi brigue les premiers rangs.
L'un, courageux Auteur, prétend par ses ouvrages
Du Public dédaigneux entraîner les suffrages ;
5 Et l'autre du bon goût rigide Défenseur,
Réforme le Parnasse, & s'érige en Censeur.
Qui des deux risque plus, & qui pourroit me dire,
S'il est plus dangereux de juger que d'écrire ?
Mais, si le froid Auteur est toujours ennuyeux,
10 Un injuste Critique est-il moins odieux ?
Je pardonne sans peine à l'Ecrivain vulgaire,
Dont la Muse m'endort en cherchant à me plaire ;
Mais ce guide trompeur, qui prompt à censurer,

Après de longs détours ne fait que m'égarer,
15 Je le hais d'autant plus qu'il me commande en Maître.
Tout n'est pas Despreaux, & chacun prétend l'être ;
Chacun content de soi, suit sa foible raison,
Et des Arts qu'il ignore, ose donner leçon.
Cet âge si fécond en Pedans didactiques,
20 A moins de sots Auteurs que d'ignorans Critiques.
Le jugement, le goût, grands mots mal entendus,
Sont par tout prononcés & par tout confondus ;
Mais ce goût, cet instinct, cette lumiére sûre,
Que l'art ingénieux puise dans la Nature,
25 Cette flamme qui brûle au sein des grands Auteurs,
Doit être le flambeau qui guide les Censeurs.
Il faut également que le Ciel les inspire,
Les uns pour critiquer, les autres pour écrire.
L'Homme le plus grossier n'est point sans jugement ;
30 Il discerne le vrai, du moins par sentiment ;

REMARQUES.

Vers 23. [*Mais ce goût, cet instinct, cette lumiére sûre.*] Un ouvrage où les régles essentielles sont violées, ne sçauroit plaire ; mais ce n'est point en raisonnant sur ces régles, dit Quintilien, qu'on juge des ouvrages dont le but est de toucher & de plaire : on en juge par sentiment, par impression, par un mouvement intérieur qu'on ne peut expliquer ; c'est pour cette raison que la plûpart des critiques de profession qui supléent par la connoissance des régles à la finesse du sentiment qui leur manque quelquefois, ne jugent pas aussi sainement des ouvrages excellens, que les esprits du premier ordre en jugent assez souvent sans rien entendre aux régles de l'art. *Voyez les Réflexions Critiques sur la Poësie & la Peinture,* Tom. 2. pag. 305.

Dans l'esprit le moins clair l'équitable Nature
Répand avec bonté quelque lumière obscure,
Y grave d'heureux traits, quoiqu'à demi touchés;
Tels sont de Raphaël les desseins ébauchés.
35 Mais irai-je altérer leurs empreintes légeres
Par un amas confus de couleurs étrangeres,
Charger mon foible sens du poids d'un faux sçavoir,
Etouffer ma raison, m'aveugler pour mieux voir?
Tel est devenu fat à force de lecture,
40 Qui n'eût été que sot en suivant la Nature.
Ceux-ci du merveilleux insensés partisans,
Pour courir à l'esprit s'écartent du bon sens :
Mais lassés d'être en butte aux traits des Satiriques,
L'espoir de se venger les transforme en Critiques:
45 Trop foibles pour jamais égaler leurs rivaux,
Assez forts pour ternir l'éclat de leurs travaux.
Quelques-uns dévorés d'une impuissante envie,
A rimer pour eux seuls passent leur triste vie.
Qu'en dépit d'Apollon Mævius ait écrit,
50 S'il compose sans verve, ils jugent sans esprit.
   D'autres, à la faveur de quelques chansonnettes,
Passent pour beaux esprits, & bientôt pour Poëtes;

REMARQUES.

Vers 39. (*Tel est devenu fat à force de lecture.*) La science
comme les voyages perfectionne les bons esprits, & met le
comble à l'impertinence des sots : la multitude des choses
qu'ils ont vûes ou apprises, leur donne la confiance de parler
de tout, quoiqu'ils ne puissent juger de rien.

Le beau sexe sur eux forme ses jugemens,
Et les voit comme amis, & souvent comme amans.
55 Montrent-ils au grand jour leurs frivoles remarques,
On rit du foible orgueil de ces faux Aristarques.
Que ces demi-sçavans sont communs parmi nous !
Telle on voit près du Nil dans un tems calme & doux,
D'insectes mal formés une engeance inutile,
60 Couvrir de leurs essains la campagne fertile :
Oubli de la Nature, animaux imparfaits,
Ils n'ont point de vrais noms, n'ayant point de vrais traits
Pour les désigner tous il me faudroit vingt pages,
Et j'ennuierois peut-être autant que leurs ouvrages.
65 Vous donc qui de Critique osant porter le nom,
Voulez plein d'un beau feu que guide la raison,
Donner & mériter une gloire suprême ;
Connoissez vos talens, connoissez-vous vous-même :
En vain en croyons-nous une sotte fierté,
70 Le plus vaste génie est toujours limité.

REMARQUES.

Vers 56. (*On rit du sol orgueil de ces faux Aristarques.*) L'exactitude avec laquelle le célébre Aristarque, Gouverneur de Ptolomée Evergete, revit les Poësies d'Homére, & l'approbation que toute l'Antiquité a donnée à l'édition qu'il en publia, a fait que son nom est devenu un éloge, & qu'on l'a employé dans la suite pour exprimer un Critique judicieux & éclairé : Horace s'en sert dans le même sens.

Arguet ambiguè dictum, mutanda notabit ;
Fiet Aristarchus.

Tous n'ont pas obtenu tous les dons en partage ;
Mais à chacun a le sien : qui le connoît est sage.
Quand la mer sur nos bords se répand à grands flots,
Le rivage opposé voit décroître ses eaux :
75 Si d'un sçavant altier la mémoire fidelle,
Obéit à l'instant que son orgueil l'appelle,
Son esprit surchargé d'un immense trésor,
Est pauvre en sa richesse, & prend en vain l'essor :
Si prompte à s'enflammer, trop vive, ou trop féconde
80 L'imagination en mille objets abonde,
Le jugement languit & se laisse emporter
Par un torrent fougueux qu'il ne peut arrêter.
Présomptueux Mortels ! une seule science
Epuise votre vie & votre intelligence ;
85 Tant l'art est étendu, tant l'esprit est borné.
Le sublime Damon pour le Tragique né,

REMARQUES.

Vers 71. (*Tous n'ont pas obtenu tous les dons en partage.*) Non omnia possumus omnes. *Virgile Eclog.* 8.

Vers 72. (*Mais chacun a le sien.*) Les Hommes sans aucun esprit sont aussi rares que les monstres, dit Quintilien : la Nature a fait un partage inégal de ses biens entre ses enfans ; mais elle n'a voulu desheriter personne ; elle a choisi les uns pour leur donner ses dispositions nécessaires pour réussir dans certaines choses impossibles aux autres ; & ces derniers en ont reçu pour des choses différentes une facilité qu'elle a refusée aux premiers. L'Homme entierement dépourvû de toute espéce de talens, est aussi rare qu'un génie universel. *Voyez les Réfléxions Critiques sur la Poësie & la Peinture, Tome 2. page 9.*

Vers 85. (*Tant l'esprit est borné.*) Ce qu'on appelle un génie étendu, n'est qu'un génie resserré dans des bornes moins

A vû sur le Comique expirer son génie.
N'allez pas imiter la funeste manie
De ces Rois qui jaloux d'agrandir leurs Etats,
90 Perdent en un seul jour le fruit de cent combats.
Pourquoi courir après une gloire étrangére,
Tandis que vous pouvez régner en votre sphére.
Des aveugles humains, éternel séducteur,
L'orgueil, ce consolant, mais dangereux flateur,
95 Est des petits esprits le vice inséparable.
Inégale en ses dons, la Nature équitable,
Pour faire à peu de frais tous les Hommes contens,
Leur rend en vanité ce qu'elle ôte en talens :

REMARQUES.

étroites que celui des autres. L'Art enseigne à les cacher ces limites, mais il ne peut pas les reculer. *Optimus ille est qui minimis urgetur.*

Vers 87. (*A vû sur le Comique expirer son génie.*) Tel Poëte demeure confondu dans la foule, qui seroit au rang des Poëtes illustres, s'il ne se fût point laissé entraîner par une émulation aveugle ; & si content de briller dans les genres de Poësie pour lequel il étoit propre, il eût pû résister à la vanité de s'appliquer à des genres de Poësie pour lesquels la Nature ne l'avoit point formé. *Voyez les Réflexions Critiques sur la Poësie & la Peinture*, Tome 2. page 68.

Vers 88. (*N'allez pas imiter la funeste manie.*) L'envie d'être réputé un génie universel, dégrade bien des gens d'esprit. Quand il est question d'apprétier un Auteur en général, on fait autant d'attention à ses ouvrages médiocres, qu'à ses bons ouvrages, il court le risque d'être défini comme l'Auteur des premiers, & par conséquent comme un médiocre Auteur. *Ibid.*

Vers 96 (*Inégale en ses dons la Nature équitable.*) Il semble que la Nature qui a si sagement disposé les organes de notre corps, pour nous rendre heureux, nous ait aussi donné l'orgueil pour nous épargner la douleur de connoître nos imperfections. *Réflexions Morales.*

De même dans les corps qui manquent de substance,
100 Du sang & des esprits le vent remplit l'absence.
Des sentimens d'orgueil sans cesse renaissans,
Occupent chez les sots la place du bon sens.
Mais au premier instant qu'à travers ce nuage,
La pure vérité peut s'ouvrir un passage,
105 L'orgueil jette le masque, & fuit à son aspect.

Tout Auteur pour soi-même est un Juge suspect.
En vain sur vos défauts un ami vous éclaire,
Un ennemi jaloux est un mal nécessaire.

C'est peu d'être sçavant, si vous n'êtes profond :
110 Renoncez aux beaux Arts, ou sçachez-les à fond :
Qu'un desir passager jamais ne vous entraîne
Sur les bords dangereux qu'arrose l'Hypocrène.
Ses subtiles vapeurs enyvrent le cerveau,
Mais la raison revient quand on boit en pleine eau.

REMARQUES.

Vers 107. (*En vain sur vos défauts un ami vous éclaire.*)
La beauté & la bonté d'Ouvrage consistent en tant d'excellentes parties, qu'il est impossible qu'il n'y en ait toujours quelques-unes qui soient défectueuses ; & par conséquent tout Ecrivain a toujours besoin d'aides & de réformateurs. Mais il est quelquefois dangereux d'emprunter pour cela le secours de ses amis. L'amitié est souvent aussi ingénieuse à les aveugler sur nos fautes, que l'amour propre est habile à nous fermer les yeux sur nos propres défauts.

Vers 108. (*Un ennemi jaloux est un mal nécessaire.*) C'est une vérité reconnue, que la louange a moins de force pour nous faire avancer dans le chemin de la vertu, que le blâme pour nous retirer de celui du vice. Il y en a beaucoup qui ne se laissent point emporter par l'ambition ; mais il y en a peu qui ne craignent de tomber dans la honte, & d'apprêter à rire à leurs ennemis. *Sentimens de l'Académie sur le Cid.*

O ij

115 Dans les premiers transports d'une vive jeunesse,
Ebloui par l'éclat des Nimphes du Permesse,
Et flaté par l'espoir d'attirer leurs regards,
On se livre sans crainte au plus noble des Arts :
Sa grandeur le dérobe à notre foible vûe.
120 L'esprit est trop borné pour sa vaste étendue :
Après de longs travaux on est surpris de voir
Que plus on sçait, & plus il en reste à sçavoir.
Sans craindre leur hauteur, & plein de confiance
Vers les Alpes ainsi le Voyageur s'avance.
125 Les Cieux semblent d'abord s'abaisser sous ses pas :
Mais quel lointain affreux ! des neiges, des frimats !
Des rochers escarpés ! Ses yeux confus se troublent,
Et les Monts entassés sur les Monts se redoublent.
  La même en tous les tems, toujours brillante aux
    yeux,
130 La Nature répand un éclat radieux :
C'est de nos jugemens la seule régle sûre ;
Pour qui sçait l'écouter, sa voix n'est pas obscure :
C'est la régle, la fin, le principe de l'art :
Sans elle tout est faux, tout brillant n'est que fard :
135 Point de génie heureux que celui qu'elle inspire,
Avec elle tout plaît, tout vit, & tout respire.

REMARQUES.

Vers 135. (*Point de génie heureux que celui qu'elle inspire.*)
L'Art ne sçauroit faire autre chose que de perfectionner les
talens & les heureuses dispositions que nous avons reçues en
naissant. Mais l'Art ne sçauroit nous donner le talent que

POEME.-Chant I.

L'Art dans ce riche fond a droit de s'assortir :
Il ordonne, il fait tout sans se faire sentir ;
Il se cache toujours, & toujours il domine ;
140 Telle dans un beau corps, cette flamme divine,
L'ame en secret fournit les esprits, la chaleur,
Forme les mouvemens, donne aux nerfs leur vigueur ;
Sans paroître au-dehors par ses effets sensibles,
Aux seuls yeux de l'esprit elle se rend visible.
145 Loin d'ici tout Auteur qui sur ses vains écrits
Prétend fixer le goût, & régler les esprits.
La plus commune route est toujours la plus sûre ;
Les préceptes de l'Art sont ceux de la Nature :
Son pouvoir absolu comme celui des Rois,
150 Ne peut être restraint que par ses propres Loix.
La Grece pour les Arts fut du Ciel inspirée ;
Par ses doctes leçons votre Muse éclairée,
Sçaura quand il convient de voler jusqu'aux Cieux,
Quand il faut rallentir ce vol ambitieux.
155 Sur les endroits choisis des plus fameux modelles,
Sa Sagesse forma ses régles immortelles,
Et pour guide assuré dans le sacré Vallon,
Envoya la Critique aux enfans d'Apollon :

REMARQUES.

la Nature nous a refusé. L'art ajoute beaucoup aux talens naturels ; mais c'est quand on étudie un Art pour lequel on est né. *Caput est artis decere quod facias. Ita neque sine arte, neque totum arte tradi potest*, dit Quintilien.

Vers 139. (*Il se cache toujours, & toujours il domine.*) C'est la pensée du Tasse dans la Description du Palais d'Armide, Chant XVI. *L'arte è che tutto fà, e nulla si scopre.*

Elle y rétablit l'ordre, en bannit le caprice,
160 Et dans leurs jugemens fit régner la justice.
    La Muse par ses soins vit croître sa beauté,
Et ne se para plus d'un éclat emprunté.
Dans les siécles suivans des Hommes sans génie,
Qu'agitoit de rimer l'incurable manie,
165 Piqués de voir la Muse insensible à leurs feux,
A la Critique enfin adressèrent leurs vœux :
Dès lors pour assouvir leurs vengeances secretes,
Ils s'unirent entr'eux pour perdre les Poëtes,
Et de l'Abeille active indignement jaloux,
170 L'inutile Frellon lui fit sentir ses coups.
Qu'on ne s'étonne plus si le nom de Critique
Est aujourd'hui l'objet de la haine publique ;
C'est la faute de l'Homme, & non celle de l'Art ;
C'est que loin de le suivre, on décide au hasard.
175 O ! combien de Censeurs, conduits par le caprice,
Paroîtroient sans esprit, s'ils étoient sans malice ;
Sur le vrai, sur le faux, souvent indifférens,
Scrupuleux & chagrins, plûtôt que pénétrans,
Habiles à railler, incapables d'instruire,
180 Ils n'établissent rien, leur but est de détruire.

REMARQUES.

Vers 179. (*Habiles à railler, incapables d'instruire.*) Un esprit né caustique, reprend tout ce qui lui donne occasion d'exercer son talent favori, & fort souvent il censure un passage, non parce qu'il est défectueux, mais parce qu'il lui fournit un bon mot. Il est si facile de réussir en cela, que sou-

Les uns aux Anciens prêtent des tours nouveaux,
Et pour les corriger les mettent en lambeaux :
C'est en vain que le tems respecte leurs ouvrages ;
Leurs sacrileges mains en mutilent les pages.
185 D'autres sans se connoître en nobles fictions,
Débitent séchement leurs froides visions,
Et du Poëme Epique enseignent la *recette* :
Ceux-ci pour étaler leur science indiscrette,
Par un vain Commentaire énervent un Auteur,
190 Et le font méconnoître à l'habile Lecteur.
De préjugés confus leurs ames possédées,
Ne se forment jamais que d'injustes idées :
Critiquer, selon eux, c'est ne pardonner rien ;
Grossir toujours le mal, & déguiser le bien.

REMARQUES.

vent des génies médiocres, dès qu'il paroît un nouveau Poëme, se trouvent assez d'esprit & de malignité pour en tourner en ridicule divers passages, & quelquefois même assez heureusement. Quoique le Lecteur judicieux n'en soit pas la dupe, ils ne laissent pas de faire impression sur l'esprit du Public, qui ne manque jamais de croire, que tout ce qui est tourné en ridicule avec quelque esprit, est absurde. *Voyez remarques de M. Addisson sur Milton, num.* 291.

Vers 181. (*Les uns aux Anciens prêtent des tours nouveaux.*) M. Pope attaque ici ces Auteurs, qui comme les Burmans, les Bentleys, & tant d'autres, font disparoître le texte sur lequel ils travaillent pour y substituer des conjectures plus ingénieuses que solides, changent des mots, souvent des phrases entiéres, & transposent les périodes, sans apporter d'autre raison de la liberté qu'ils se donnent, si ce n'est que le sens en seroit meilleur & plus intelligible, ou le tour & l'expression plus conforme au tems, & au génie des Auteurs dont ils parlent.

195 Vous, qui sur cette mer si fameuse en orage,
Redoutez sagement la honte du naufrage,
De ces premiers Auteurs qu'admire l'Univers,
Connoissez le génie & les talens divers ;
Leur fable, leur sujet, & les mœurs de leur âge ;
200 Leur culte, leur Païs, mais sur-tout leur langage.
Si de vos jeunes ans les travaux journaliers,
Ne vous ont point rendu ces objets familiers ;
Vous m'égayez en vain par vos traits satiriques,
Non, je ne vous mets point au rang des vrais Critiques
205 Concevez pour Homére un véritable amour ;
Méditez-le la nuit ; lisez-le tout le jour :

REMARQUES.

Vers 204. (*Non je ne vous mets point au rang des vrais Critiques.*) On ne peut mettre de ce nombre tout homme qui n'est habile que dans une seule science, parce que le goût ne se forme que par une connoissance très-étendue ; & qu'il y a d'ailleurs peu de Livres, dans lesquels il n'y ait qu'une seule espéce de choses à examiner. *Omnes artes quæ ad humanitatem pertinent, habent quoddam commune vinculum, & quasi cognatione quadam inter se continentur.* Cicero pro Archia Poëta.

Vers 205. (*Concevez pour Homére un véritable amour.*) L'émulation des Modernes seroit dangereuse, dit M. de Fenelon, si elle se tournoit à mépriser les Anciens, & à négliger de les étudier. Le vrai moyen de les vaincre est de profiter de tout ce qu'ils ont d'exquis, & de tâcher de suivre encore plus qu'eux leurs idées sur l'imitation de la belle Nature. Je crierois volontiers à tous les Auteurs de notre tems que j'honore & que j'estime le plus.

. . . . *Vos exemplaria Græca*

Nocturna versate manu, versate diurna. Hor. de Art. Poët.
Lettre à l'Académie Françoise.

Lui seul peut vous conduire à ces grottes sacrées,
Où sont loin des Mortels les Muses retirées.
Quand on sçait bien l'entendre, on sçait bien l'admirer
210 Lui-même avec lui-même il faut le comparer;
Et que le seul Virgile en soit le Commentaire.
 Un jour qu'il prétendit en jeune téméraire
Chanter d'un ton pompeux les Rois & leurs combats,
Apollon l'avertit de prendre un ton plus bas.
215 Sans le secours de l'Art guidé par la Nature
Il vouloit que l'esprit lui tînt lieu de lecture.
Mais enfin plus instruit, & moins ambitieux,
Il vit, quand la raison eut désillé ses yeux,
Qu'Homére & la Nature étoient la même chose.
220 Jaloux de l'imiter, d'abord il se propose
De former sur son goût ses durables Ecrits,
Bientôt il osera leur disputer le prix.
Suivre les anciens, c'est suivre la Nature :
Qui respecte leurs loix, ne craint point la censure.
225 Voyez sur leurs Autels les lauriers encore verds
Braver également l'envie & les hyvers.
Voyez tous les Sçavans leur rendre un juste hommage,
Et vanter leurs travaux en différent langage.
Que leurs vains ennemis à leur char enchaînés
230 Soumettent à leurs loix leurs esprits obstinés.

REMARQUES.

Vers 213. (*Chanter d'un ton pompeux les Rois & leurs combats.*)
Ce trait est tiré de Virgile ;
 *Cum canerem Reges & prælia, Cynthius aurem
  Vellit.* Eclog. 6.

Héritiers immortels d'une gloire constante,
Poëtes triomphans, souffrez que je vous chante ;
Esprits grands & divins, nés dans de meilleurs tems,
Le respect qu'on vous doit, s'augmente avec les ans :
235 Comme on voit les ruisseaux dans une longue course
S'étendre, & se grossir en fuyant de leur source ;
Des Nations à naître, & des Mondes nouveaux
Célébreront un jour vos noms & vos travaux.
De votre feu divin qu'une seule étincelle,
240 M'inspire tout à coup une force nouvelle,
Sans redouter les traits de mille vains esprits
Je combattrois pour vous armé de vos écrits ;
Et réduisant l'orgueil, à garder le silence,
Je préviendrois du goût l'entiere décadence.

REMARQUES.

Vers 233. (*Esprits grands & divins, nés dans de meilleurs tems.*) Virgile avoit dit,

Magnanimi Heroas nati melioribus annis.

Vers 244. (*Je préviendrois du goût l'entiere décadence.*) Il est à craindre, selon M. Rollin, que les jeux d'esprit, les pensées brillantes, & ces especes de pointes qui sont aujourd'hui si à la mode, ne soient comme les avants-coureurs du mauvais goût. Il est vrai qu'elles sont soutenues dans quelques-uns de nos Ecrivains par la solidité des choses, par la force du raisonnement, par l'ordre & par la suite du discours, & par une beauté de génie qui leur est naturelle ; mais comme ces dernieres qualités sont rares, leurs imitateurs courent risque de ne prendre de leur style, que ce qu'il a de moins estimable, comme firent ceux de Sénéque, qui n'ayant pris que ses défauts, se trouverent, dit Quintilien, autant au-dessous de leur modéle, que Sénéque lui-même étoit au-dessous de l'esprit des Anciens. *Maniere d'étudier, & d'enseigner les Belles-Lettres*, Tome 2. p. 407.

Fin du premier Chant.

SOMMAIRE.

DEs licences & de l'usage qu'en ont fait les Anciens. Avec quelle retenue les Modernes doivent en user. Un beau désordre est quelquefois un effet de l'Art. La grande régle est de plaire. Trop d'attachement aux régles étouffe le génie. De grandes beautés, quoique mêlées de quelques défauts, sont préférables à une froide & seche régularité. Les génies bornés sont sujets à s'attacher à des minuties qui les empêchent de trouver, ou de sentir le beau & le grand. Ils font dépendre le tout d'une de ses parties. Apologue à ce sujet. Des graces du style, de l'expression, des traits ingénieux, des Ouvrages Modernes écrits en *vieux langage, du choix des mots, de la cadence, de l'harmonie. En quoi consiste la beauté particuliere à chacune de ces choses ? Quels sont les principaux défauts qui les rendent vicieuses, & contraires à l'effet pour lequel elles ont été inventées ? En parlant de l'harmonie, le Poëte essaye tout à la fois de donner le précepte avec l'exemple. Pouvoir de l'harmonie sur le cœur des Hommes.*

ESSAI SUR LA CRITIQUE.

CHANT DEUXIE'ME.

L eſt des agrémens qu'on ne doit point à l'Art ;
On les tient du génie, & d'un heurèux haſard.
Quelquefois dans les Vers comme dans la Muſique,
Ce qui va droit au cœur, un trait brillant qui pique,
5 Eſt un je ne ſçai quoi qui ne peut s'expliquer,
Mais que les Maîtres ſeuls ſçavent bien remarquer.
Les régles n'ont été par les Sçavans tracées,
Que pour donner de l'ordre & du jour aux penſées :

REMARQUES.

Vers 2. (*On les tient du génie, & d'un heureux haſard.*) Si cela eſt vrai, il faut dire d'une penſée fine & délicate, ce que M. de Tourreil diſoit de la deviſe ; que c'eſt une bonne fortune, mais qui n'arrive jamais qu'à un homme d'eſprit.

Vers 7. (*Les Règles n'ont été par les Sçavans tracées.*) C'eſt l'avis de Quintilien, *Neque tam ſancta ſunt iſta præcepta ;*

Si donc il arrivoit qu'à les suivre obstiné,
10 Votre Ouvrage parût languissant ou gêné,
D'une licence heureuse usez avec prudence :
C'est une régle alors & non une licence :
Ce n'est qu'en s'éloignant des chemins fréquentés
Que l'esprit peut trouver de sublimes beautés.
15 Je vois les favoris des Filles de Mémoire,
Confondant le Critique étonné de leur gloire,
Loin des bornes de l'Art saisir ces heureux traits
Que de vulgaires yeux n'apperçurent jamais :
Leur Censeur obstiné blâmant ce qu'il ignore,
20 Les perd soudain de vûe & les condamne encore ;
Tandis que sans souscrire à ce faux jugement,
Le Public entraîné les suit par sentiment.
Ce qui charme souvent dans une perspective,
C'est parmi les rochers une onde fugitive,
25 Une caverne informe, un précipice affreux ;
Que la Nature a fait par un caprice heureux.

REMARQUES.

sed hoc, quidquid est, utilitas excogitavit. Non negabo, autem sic utile esse plerumque : verum, si eadem illa nobis aliud suadebit utilitas, hanc relictis Magistrorum autoritatibus, sequamur. L. 2. c. 13.

Vers 22. (*Le Public entraîné les suit par sentiment.*) L'esprit d'invention, le feu Poëtique, l'enthousiasme, la fierté, & la hardiesse des Peintures nous forcent d'admirer dans le tems même que nous désapprouvons, & font sur l'esprit la même impression que la lumiere du Soleil fait sur les yeux. Nous ne sommes frappés que de sa splendeur, & le brillant éclat qui l'environne ne nous laisse point appercevoir ses taches.

J'aime dans le Poëte un aimable délire,
Pourvû que la raison le conduise & l'inspire.
　Laissez les Anciens à l'exemple des Rois,
30　Législateurs heureux, braver leurs propres Loix.
Un Moderne éclairé, que conduit la prudence,
N'attend point du Public la même complaisance :
Ne l'exigez jamais sans un juste sujet ;
En violant la Loi, respectez-en l'objet,
35 Et qu'un autre avant vous ait pris cette licence :
Si vous n'alléguez point ces motifs de défense,
Aux termes de la Loi, vous êtes criminel,
Et le Censeur malin vous juge sans appel.
　Je sçai qu'il est souvent de timides génies,
40 Qui traitent de défauts les beautés trop hardies.
Si vous considérez un Colosse de près,
Trop voisin de l'objet, vous confondez ses traits ;
Mais lorsque dans son jour par degrès on se place,
On y trouve d'accord la force avec la grace.
45 Un Guerrier en rangeant ses Bataillons épars
Ne s'astraint pas aux Loix de l'*Ecole de Mars* :*
Mais selon son terrain il change de méthode ;
A ses projets, aux tems, aux lieux il s'accommode ;
Un stratagême heureux qui le rendra vainqueur,
50 Ne paroîtra d'abord qu'imprudence & qu'erreur ;

* C'est le titre d'un Livre qu'on met ordinairement entre les mains des jeunes gens qui se destinent à la Guerre. Cet Ouvrage traite de tout ce qui regarde l'Art Militaire, des Campemens, de l'Ordre des Batailles, &c.

D'un désordre apparent naîtront mille merveilles :
Homére ne dort pas, c'est toi seul qui sommeilles.
Tout Poëme qui plaît, n'est jamais mal écrit ;
Rarement sur le goût le cœur trompa l'esprit.
55 Sophiste pointilleux, je ris de ta censure,
Je ne t'écoute point, où parle la Nature.
J'aime mieux un Auteur sublime & véhément,
Qui tombe quelquefois, mais toujours noblement,
Que ces Rimeurs craintifs, génés dans leur justesse,
Où si rien ne déplaît, rien aussi n'intéresse :

REMARQUES.

Vers 52. (*Homére ne dort pas, c'est toi seul qui sommeilles.*) Voudroit-on cependant par une prévention manifeste donner à l'antiquité plus qu'elle ne demande, & condamner Horace pour soutenir contre l'évidence du fait qu'Homére n'a jamais aucune inégalité.

Quandoque bonus dormitat Homerus. Art. Poët. M. de Fénelon, Lettre à l'Académie Françoise.

Vers 55. (*Sophiste pointilleux, je ris de ta censure.*) Pour moi, disoit Longin, je tiens qu'une grandeur au-dessus de l'ordinaire, n'a point ordinairement la pureté du médiocre : il en est du sublime comme d'une richesse immense, où l'on ne peut pas prendre garde à tout de si près, & où il faut, malgré qu'on en ait, négliger quelque chose : un esprit qui ne s'étudie qu'au grand, ne peut pas s'arrêter aux petites choses. Tout ce qu'on gagne à ne point faire de fautes, c'est qu'on ne peut être repris ; mais le grand se fait admirer. Un seul de ces beaux traits & des pensées sublimes qui sont dans Homére & dans les autres Auteurs célébres, peut payer tous leurs défauts.

Vers 60. (*Où si rien ne déplaît, rien aussi n'intéresse.*) Pline le jeune, parlant d'un Orateur de son tems, qui avoit beaucoup de justesse & d'exactitude, mais peu d'élévation & de feu, dit qu'il n'a qu'un défaut, c'est de n'en point avoir. L'Orateur, ajoûte-t-il, *& à plus forte raison le Poëte*, doit s'élever, prendre l'essor, quelquefois entrer en fureur, & s'abandonner, souvent même côtoyer le précipice. Il n'est

Pour écouter leurs Chants je fais de vains efforts,
Et sans les critiquer, je bâille, & je m'endors.
   Dans les efforts de l'Art, dans ceux de la Nature
Quelques traits excellens semés à l'avanture,
65 N'excitent point en nous ce vif ravissement,
Que la beauté parfaite inspire en un moment.
Est-ce une joue, un œil, une lévre riante,
Dont le brillant éclat nous pique & nous enchante ?
Non ; mais de tous les traits un ordre harmonieux
70 Seul donne à la beauté l'air noble & gracieux.
   La merveille de Rome & de l'Architecture,
Ce Dôme *, si hardi dans sa rare structure,

REMARQUES.

ordinairement rien de haut & d'élevé qui ne soit près d'un abîme ; le chemin est plus sûr par les plaines, mais il est plus bas & plus obscur : ceux qui rampent ne risquent point de tomber, comme ceux qui courent, mais il n'y a pour ceux-la nulle gloire à ne tomber pas, ceux-ci en acquiérent même en tombant. *L. 9. Ep. 26.*

   Vers 64. (*Quelques traits excellens semés à l'avanture.*) La beauté du style ne consiste ni dans les mots, ni dans l'arrangement de chaque phrase prise en particulier ; mais dans un certain air du discours, où tout est naturel, où tout coule de source, où rien n'est affecté, & cependant où tout plaît, où les grandes & les petites choses sont dites avec une grace égale, quoique différentes, où regne un certain sel & un assaisonnement qui en rélève le goût, qui ne laisse rien d'insipide, qui se fait par tout sentir au Lecteur, qui pique sa curiosité, & qui, pour ainsi dire, excite sa soif, *ut non tam sit in singulis dictis, quam in toto colore dicendi.* Quintilien *apud* Rollin, maniere d'étudier & d'enseigner les Belles-Lettres.

   * Le Dôme de S. Pierre.

Plaît moins par le détail qu'il offre aux curieux,
Que par l'accord du tout qui sçait charmer les yeux.
75 On n'admire d'abord ni sa vaste étendue,
Ni ses murs si vantés, qui percent dans la nue ;
De l'Edifice entier le juste assortiment
Plaît en chaque partie, & brille également.
Ne vous réglez jamais que sur les grands modéles ;
80 Dédaignez d'obéir aux maximes nouvelles,
Qu'un Critique de mots débite hardiment :
Combien de faux esprits entêtés sottement
D'imaginations toujours mal assorties,
Font dépendre le tout d'une de ses parties !

REMARQUES.

Vers 81. (*Qu'un Critique de mots débite hardiment.*) Un Grammairien auroit mauvaise grace de chicanner ce beau Vers de Racine.

Je t'aimois inconstant ; qu'eussai-je fait fidéle ?

parce qu'en rigueur il faudroit dire *je t'aimois lors même que tu étois inconstant, qu'eussai-je fait, si tu avois été fidéle.* Cela se sousentend sans peine : & ces sortes de petites licences de construction, bien loin d'être des fautes, font souvent un des plus grands charmes de la Poësie : il est donc d'un habile Critique, selon la pensée de Quintilien, d'ignorer, ou plûtôt de paroître ignorer de semblables minuties. *Inter virtutes Grammatici habebitur aliqua nescire.*

Vers 84. (*Font dépendre le tout d'une de ses parties.*) Le sort des gens sans génie, comme l'a remarqué l'Auteur des Réflexions Critiques sur la Poësie & la Peinture, est de s'attacher principalement à quelques parties de l'Art qu'ils professent, & de penser après y avoir fait du progrès, qu'elle est la seule partie importante de l'Art. Le Poëte, dont le talent est de rimer richement, regarde comme médiocre tout Poëme dont les rimes sont négligées, quoiqu'il soit quelquefois admirable par l'invention & par la nouveauté des pensées. Tous les Hommes veulent que le genre

POEME. *Chant II.*

85 Ils parlent en Sçavans des préceptes de l'Art
Et dans leurs vains Ecrits les laissent à l'écart:
Ils font de leur raison un honteux sacrifice,
Et décident toujours au gré de leur caprice.
Le fameux Chevalier que la Manche a produit,
90 Par son humeur errante en certain lieu conduit,
D'un Poëte autrefois fit l'heureuse rencontre;
Habile en ce métier aussi-tôt il se montre;
Parle d'un air rassis en termes pleins de sens
Des régles du Théâtre, & des Piéces du tems;
95 Soutient que s'écarter des régles d'Aristote,
C'est parmi les écueils naviger sans Pilote:
D'un sujet qu'au Théâtre il prétendoit donner,
Notre Auteur avec lui se mit à raisonner;
Trop heureux s'il pouvoit mériter le suffrage,
100 Et suivre les avis d'un si grand personnage:

REMARQUES.

de mérite qu'ils ont reçu du Ciel, soit le genre de mérite le plus important dans la société. *Tome 2. page 350. &* 351.

Vers 95. (*Soutient que s'écarter des régles d'Aristote.*) Si dans ces derniers tems on a contesté à Aristote la qualité de Prince des Philosophes, on s'accorde assez à le reconnoître pour le Prince des Critiques. Le P. Rapin, dans ses Paralleles, avoit dit avant notre Auteur, que sa Poëtique n'est à proprement parler que la nature mise en méthode, & le bon sens réduit en principes : il n'a cependant jamais été Poëte ; & si les Vers que Diogéne Laërce lui attribue, sont véritablement de lui, ils ne peuvent lui en mériter la réputation. M. Pope l'appelle en deux endroits de ce Poëme le Stagirite, parce qu'il étoit né à Stagire, petite Ville de Macédoine, nommée aujourd'hui Lyba-Nova.

De sa Piéce il fit voir la sage fiction,
Les mœurs, les mouvemens, l'intrigue & l'action :
Tout parut très-exact, la fable, l'ordonnance :
Une chose déplût ; le Rimeur par prudence
105 N'avoit pas dit un mot d'un combat en champ-clos.
Supprimer un combat, s'écria le Héros !
Oui sans difficulté, quand on prétend écrire
Suivant les sages Loix du Censeur de Stagire.
Non, dit le Chevalier, non de par tous les Dieux !
110 *Aristote écrivoit & pensoit beaucoup mieux :*
Chevaliers, Ecuyers, leurs Coursiers & leurs Armes
Embellissent la Scène & lui prêtent des charmes.
Quel Théâtre assez grand pour un tel appareil ?
Vous joüerez en plein champ à l'aspect du Soleil.
115 C'est ainsi qu'un Censeur épris de sa chimére,
Se sert pour s'égarer du sçavoir qui l'éclaire.
Le style chez les uns tient toujours lieu d'esprit ;
Pourvû qu'on paye en mots, du reste ils font crédit.

REMARQUES.

Vers 117. (*Le style chez les uns tient toujours lieu d'esprit.*) Quand vous voyez, disoit Sénéque, un Ouvrage poli avec tant de soin & tant d'inquiétude, vous en pouvez conclure qu'il part d'un esprit médiocre & occupé de petites choses. Un Ecrivain qui a l'esprit grand & élevé, ne s'arrête point à de telles minuties, il parle & il pense avec plus de grandeur, & l'on voit dans tout ce qu'il dit un certain air aisé & naturel qui marque un homme riche de son propre fonds, & qui ne cherche point à le paroître. N'attendez rien de grand ni de solide de ces jeunes gens si frisés & si poudrés, *totos de pixide*, qui sont toujours devant le miroir, & à la toilette ; il en est de même de tout Auteur, qui donne trop d'attention à la beauté du style, au choix & à l'arrangement des mots. Ep. 115.

C'est par la diction qu'ils jugent d'un Ouvrage ;
120 Pour vanter un Ecrit, ils n'ont que ce langage :
Le style est merveilleux ; mais à l'égard du sens,
Sur la foi de l'Auteur ils s'en tiennent contens.
Tout écrit qui de mots offre un vain étalage,
Est un arbre étouffé sous un épais feuillage :
125 Le Jardinier avide y cherche en vain du fruit.
Un frivole Ecrivain dont le brillant séduit,
Par ses fausses couleurs au Prisme assez semblable
Pour vouloir tout orner, rend tout désagréable :
La Nature n'est plus reconnoissable aux yeux ;
130 Tout est également riant & gracieux.
Comme on voit du Soleil la féconde lumière
Répandre des beautés sur la Nature entière,
Et sans les altérer, dorer tous les objets ;
Il faut orner ainsi jusqu'aux moindres sujets.

REMARQUES.

Vers 128. (*Pour vouloir tout orner, rend tout désagréable.*) Quintilien a dit de Sénéque, qu'il étoit rempli de défauts agréables, *abundat dulcibus vitiis* ; mais on en pourroit dire avec autant de raison qu'il est rempli de beautés désagréables par leur multitude, & par ce dessein qu'il paroît avoir eu de ne rien dire simplement, & de tourner tout en forme de pointes. Il est impossible, dit le P. Jouvency, qu'il n'échappe une infinité de choses froides & puériles à tout homme qui affecte de donner un tour fin & délicat à tout ce qu'il écrit, & qu'il ne lui arrive enfin de perdre par un grand nombre de traits forcés & insipides, la réputation de bel esprit, qu'une ou deux pensées rares & ingénieuses lui avoit acquise. *Nicole, Traité de l'Education du Prince, 2. Part. & Jouvency, de arte discendi, & docendi.*

Vers 134. (*Il faut orner ainsi jusqu'aux moindres sujets.*) Pour la Poësie, comme pour l'Architecture, il faut que tous

135 Mais un génie outré dans ses fougues altiéres
Admet les faux brillans pour de vives lumiéres.
De ce qui peut frapper uniquement épris,
De traits vifs & nouveaux il séme ses Ecrits :
C'est un cahos luisant, un amas de pensées,
140 Et sans ordre, & sans choix, & sans goût entassées.
Vous voyez le Poëte & le Peintre ignorant,
Incapables du vrai, donner dans l'apparent :
S'il faut avec douceur peindre les Graces nues,
Et présenter sans fard leurs beautés ingénues,
145 Ils chargent leurs portraits d'or & de diamans,
Et cachent leur peu d'Art sous de faux ornemens.

REMARQUES.

les morceaux nécessaires se changent en ornemens naturels. Mais tout ornement qui n'est qu'ornement, est de trop. Retranchez-le, il n'y manque rien ; il n'y a que la vanité qui en souffre. Fénélon, *Lettre à l'Académie Françoise.*

Vers 139. (*C'est un cahos luisant, un amas de pensées.*) Un Ouvrage qui est partout ajusté & peigné sans mélange & sans variété, où tout frappe, où tout brille, un tel Ouvrage cause plûtôt une espéce d'éblouissement qu'une véritable admiration. Il lasse, & il fatigue par trop d'ornemens, & il déplaît à la longue, à force de plaire : il faut, dit Cicéron, dans les Ouvrages d'esprit, comme dans la Peinture des ombres, pour donner du relief, & tout ne doit pas être lumiére. *De Oratore apud Rollin. Lib. laud.*

Vers 145. (*Ils chargent leurs portraits d'or & de diamans.*) L'Auteur fait ici allusion à ce que les Anciens rapportent d'un jeune Peintre, qui ne pouvant exprimer les traits & les charmes d'Hélene, s'avisa de lui donner une draperie toute brillante d'or & de pierreries, ce qui fit dire à son Maître qu'il l'avoit fait riche, ne l'ayant pu faire belle.

Ce que j'appelle esprit, c'est la vive peinture
Des naïves beautés qu'étale la Nature ;
Qui fait que d'un coup d'œil le Lecteur apperçoit
150 Un objet tout entier, & tel qu'il le conçoit.

L'ombre parmi les jours sagement répandue,
Anime la Peinture, & trompe mieux la vûe :
De même un style uni dans sa simplicité,
Des traits ingénieux fait sentir la beauté.

REMARQUES.

Vers 147. (*Ce que j'appelle esprit, c'est la vive peinture.*) Dans les Ouvrages d'esprit, il est deux sortes de beautés ; d'une consiste dans les pensées belles & solides, mais extraordinaires & surprenantes : Lucain, Sénéque, Tacite & Pline le jeune sont pleins de ces sortes de beautés. L'autre au contraire ne consiste nullement dans les pensées rares, mais dans un certain air naturel, dans une simplicité facile, élégante & délicate qui ne fatigue point l'esprit, qui ne lui présente que des images communes, mais vives & agréables, qui ne manque jamais de lui proposer sur chaque sujet tous les objets qui peuvent le toucher, & d'exprimer toutes les passions & tous les mouvemens qui sont une suite naturelle des choses qu'elles représentent : cette beauté est celle de Térence, de Virgile, de Cicéron, de Tite-Live ; & comme il n'y a point d'Auteurs dont on ait moins approché que de ceux-là, il est aisé de voir qu'elle est encore plus difficile que l'autre. *Nicole, Traité de l'Education d'un Prince,* 2. *Part.*

Vers 152. (*De même un style uni dans sa simplicité.*) On doit craindre de prendre quelquefois pour bassesse cette admirable simplicité, la perfection de tout Ouvrage & l'embellissement, si j'ose ainsi parler, de la beauté même. Horace nous a donné cet avis, lorsqu'il veut que la maniere de s'exprimer paroisse si naturelle, que d'abord on juge qu'il seroit fort aisé d'entrer dans le même tour ; & qu'il n'y ait que la réflexion sur ce qu'elle a de fin & de délicat, qui découvre la difficulté de s'exprimer avec le même bonheur. *S. Evremond.*

155 Comme trop de sang nuit, & cause la mort même;
Trop d'esprit quelquefois dépare un bon Poëme.
O trop heureux Damis! si ton esprit fécond
Etoit accompagné d'un jugement profond;
Si dans tes vifs transports souvent trop d'abondance
160 De tes brillans Tableaux ne gâtoit l'ordonnance!
Faut-il donc que l'esprit ne puisse s'accorder
Avec le jugement qui doit le seconder.
Pégase dans son vol n'a que trop de vîtesse;
C'est à régler son feu que consiste l'adresse.
165 Ainsi d'un fier Coursier plus on retient l'ardeur;
Plus on retrouve en lui de nerf & de vigueur.
Que votre expression naturelle & sensée
Par un juste rapport s'unisse à la pensée.
Orner un trait commun de mots majestueux;
170 C'est parer un faquin d'ornemens somptueux.
Selon votre sujet il faut changer de stile,
Prendre un autre air aux Champs, un autre air à la Ville.
En formant de vieux mots un bizarre jargon,
D'autres se sont flatés d'acquérir du renom.
175 Anciens seulement dans leurs phrases usées,
Modernes dans le tour de leurs froides pensées.
Des riens si travaillés déshonorent l'esprit;
Le Sot en est la dupe, & le Sçavant en rit.

REMARQUES.

Vers 167. (*Que votre expression naturelle & sensée.*) Comme les mots sont destinés pour exprimer les pensées, c'est d'elles qu'ils doivent naître. Les bonnes expressions sont ordinairement attachées aux choses mêmes; & les suivent comme l'ombre suit le corps. Cicéron, *de Oratore, lib.* 2.

Je m'imagine voir un Cadet de Province
180 Etaler à la Cour d'un air content & mince
Des habits hors de mode achetés de hasard :
Ces froids imitateurs des défauts de Ronsard,
Paroissent anciens, comme un Singe comique
Ressemble à nos Ayeux dans un pourpoint antique.
185 Montrez-vous circonspect dans le choix de vos mots ;
Ils plaisent rarement trop vieux, ou trop nouveaux.
Imitez sur ce point la prudente méthode,
Dont le Sage se sert à l'égard de la mode :
Vous ne le verrez point, ardent à l'inventer,
190 A la prendre trop prompt, trop lent à la quitter :
Qu'il est de vains Lecteurs dont l'étrange manie
Ne décide des Vers que par leur harmonie !

REMARQUES.

Vers 185. (*Montrez-vous circonspect dans le choix de vos mots.*) En général on doit être fort en garde contre les nouveaux mots. L'abondance n'est pas toujours une marque de la perfection des Langues. Elles s'enrichissent à mesure qu'elles se corrompent, si leur richesse consiste précisément dans la multitude des mots. Ce qui arrive par le peu de soin qu'on prend de choisir les termes propres & usités, & par la liberté qu'on se donne de dire tout ce que l'on veut sans avoir égard à l'usage ni au génie de la Langue ; ainsi à mesurer la richesse de la Langue Latine par le nombre des locutions, elle étoit plus riche du tems de Domitien & de Trajan, que sous les premiers Empereurs. Bouhours, *Entretiens d'Ariste & d'Eugène sur la Langue Françoise.*

Vers 192. (*Ne décide des Vers que par leur harmonie.*) On ne peut nier que l'harmonie n'ait un pouvoir merveilleux pour plaire, mais même pour faire impression sur les esprits. Il n'est guéres possible qu'une chose aille au cœur, quand elle commence par choquer l'oreille, qui en est

Sont-ils doux & coulans ? dès-lors ils font parfaits :
Ont-ils quelque rudeſſe ? ils les trouvent mauvais.
195 De mille attraits divers en vain brille une Muſe,
Sa voix, ſa ſeule voix leur plaît & les amuſe.
Apollon n'eſt pour eux que le Dieu des beaux airs ;
Peu touchés des leçons qu'il mêle dans ſes Vers,
Leur eſprit tout entier paſſe dans leur oreille.
200 Eſclaves de leurs ſens par une erreur pareille,
Au lieu de profiter d'un Cantique touchant,
Ils ne ſont occupés que des beautés du chant.
Frivoles amateurs d'une vaine cadence
L'art de coudre des mots fait toute leur ſcience !
205 Leurs Vers vuides de ſens, montés au même ton
Font bailler le Lecteur peu touché d'un vain ſon.
Jamais de tours nouveaux, jamais de traits ſublimes,
Mêmes expreſſions, & toujours mêmes rimes,

REMARQUES.

comme l'entrée. Au contraire l'Homme écoute volontiers ce qui lui plaît, & il eſt conduit par le plaiſir à croire ce qu'on lui dit. *Voluptate ad fidem ducimur*, dit Quintilien.

Vers 204. (*L'art de coudre des mots fait toute leur ſcience.*) Les mots ne ſont que pour les choſes. Les expreſſions les plus choiſies & les plus brillantes, ſi elles ſont dépourvûes de ſens, ne doivent être regardées que comme un ſens vuide & mépriſable qui n'a rien que de ridicule & d'inſenſé : au contraire, ajoute Quintilien, il faut faire cas des raiſons & des penſées ſolides, quoique deſtituées de tout ornement, parce que la vérité par elle-même, de quelque maniere qu'elle ſe montre, eſt toujours aimable.

Vers 208. (*Mêmes expreſſions, & toujours mêmes rimes.*) Tout ce morceau eſt emprunté de M. de S. Evremond, dans la Lettre au Maréchal de Crequy.

Par tout où vous voyez couler *de clairs ruisseaux*,
210 Il faut vous préparer *au doux chant des oiseaux*.
On apperçoit toujours *une jeune Bergere*
Assise mollement *sur la tendre fougere*.
Entendez-vous les eaux *murmurer & frémir*,
Vous n'êtes pas en vain menacé *de dormir*.
215 Et pour finir des Vers dont la rime est usée,
Vient un je ne sçai quoi, qu'ils appellent pensée;
Un rien embarrassé dans un tissu de mots,
Un certain feu follet qui contente les sots.
Pour vous, abandonnez à leur monotonie
220 Ceux qui n'aiment en Vers qu'une froide harmonie;
Distinguez avec soin une mâle douceur,
D'avec un stile mou qui fait languir le cœur.
Par des secrets cachés aux Poëtes vulgaires
Unissez dans vos Vers les qualités contraires :

REMARQUES.

Vers 216. (*Vient un je ne sçai quoi, qu'ils appellent pensée.*) Quoique certains Auteurs, dit M. Rollin, mettent une grande diversité dans leurs pensées, il y régne cependant un certain tour un peu trop uniforme, qui termine la pensée par un trait court & vif en forme de sentence, & qui semble avoir ordre de s'emparer de la fin des Périodes, comme d'un poste qui lui appartient, à l'exclusion de tout autre. Ces sortes de traits étoient, selon Sénéque même, inconnus à l'Antiquité, & semblent par leur affectation étudiée, placés dans la seule vûe de mandier l'applaudissement : ils ne laissent pas cependant de donner beaucoup de grace, & même beaucoup de force au discours, pourvû qu'on les y emploie avec retenue, & avec discernement. *Maniere d'étudier & d'enseigner les Belles-Lettres*, Tome 3.

225 Aussi doux que *Waller*, aussi fort que *Denham*,
Soyez tout à la fois & nerveux, & touchant.
Que votre Poësie, & forte & naturelle,
Me soit de la Tamise une image fidelle.
Soyez profond, mais clair ; soyez doux sans lenteur ;
230 Plein sans vous déborder, rapide sans fureur.
La danse met en œuvre & la force & l'adresse,
Et sçait donner au corps la grace & la souplesse.

REMARQUES.

Vers 225. (*Aussi doux que VValler.*) Ce Poëte s'est fait généralement admirer par la délicatesse & par l'élévation de son génie. Ses Vers ont une douceur & une harmonie qui lui est particuliere. Il étoit fort lié avec la Duchesse de Mazarin, & avec M. de S. Evremond. M. de la Fontaine, qui entretenoit aussi commerce avec lui, l'appelle l'Anacreon d'Angleterre. Voluptueux comme ce Poëte, l'amour qu'il avoit pour le plaisir, ne lui permit jamais de faire de longs Ouvrages. Il sembloit qu'il n'écrivît que pour son amusement, celui de sa Maîtresse & de ses amis. Les Anglois le comptent parmi les Poëtes Lyriques, & le regardent en ce genre comme un des meilleurs de leur Nation. Il fit cependant sur la fin de sa vie, qui fut très-longue, un Poëme sur l'Amour divin en six Chants, & quelques autres Poësies pieuses. *Extrait de l'Abregé de sa Vie, qui se trouve à la tête de ses Œuvres.*

Vers 225. (*Aussi fort que Denham.*) Denham s'est rendu célébre par un Poëme intitulé, *Cooper's hill.* C'est la description des bords de la Tamise aux environs de Londres, qu'on découvre du haut de la Montagne, dont le Poëme tire son nom. Quelques Critiques en trouvent le style dur & raboteux ; mais tous conviennent que les pensées en sont d'une force & d'une élévation surprenante. Ses autres Poësies ne sont pas de la même beauté.

Vers 227. (*Que votre Poësie, & forte & naturelle.*) Ces quatre Vers sont de ce même Denham, & sont cités par M. de Voltaire dans son Essai sur le Poëme Epique. Ils m'ont paru si beaux que j'ai cru qu'on ne seroit pas fâché de les retrouver ici.

De même un stile aisé ne vient point du hasard,
Un bon esprit le doit aux Préceptes de l'Art.
235 Mais c'est peu dans un Vers que de fuir la rudesse;
Il faut que le son même avec délicatesse
Fasse entendre au Lecteur l'action qu'on décrit;
Et que l'expression soit l'écho de l'esprit.
Que le stile soit doux, lorsqu'un tendre Zéphire,
240 A travers les Forêts s'insinue, & soupire.
Qu'il coule avec lenteur quand de petits ruisseaux
Roulent tranquillement leurs languissantes eaux.
Mais les vents en fureur, la mer pleine de rage
Font-ils d'un bruit affreux retentir le rivage ;
245 Le Vers comme un torrent, en grondant doit marcher.
Qu'Ajax souléve & lance un énorme rocher,

REMARQUES.

Vers 234. (*Un bon esprit le doit aux Préceptes de l'Art.*) C'est proprement pour l'élocution, dit Quintilien, que l'Art est nécessaire, car le reste dépend plus de la Nature. Mais, quand on a étudié à fond la Langue dans laquelle on écrit, que par une lecture exacte & sérieuse des bons Auteurs, on s'est fait un fonds de riches expressions, mais sur-tout qu'on s'est rempli l'esprit des connoissances nécessaires à son sujet, la diction ne coute presque rien. Quand on compose, il en est alors des mots comme des domestiques dans une Maison bien réglée ; ils n'attendent pas qu'on les appelle, ils se présentent d'eux-mêmes, & sont toujours prêts au besoin. L. 8, & *Cic. de Oratore*, L. 3.

Vers 238. (*Et que l'expression soit l'écho de l'esprit.*) *Rebus accommodanda compositio, ut asperis asperos etiam numeros adhiberi oporteat, & cum dicente æquè audientem exhorrescere.* D'où il est aisé de voir, comme le remarque ailleurs Quintilien, de qui j'ai tiré ce passage, qu'il n'y a point de mots, quelque durs qu'ils paroissent par eux-mêmes, qui placés à propos par une habile main, ne puissent contribuer à l'harmonie du discours, comme dans un Bâtiment les pierres les plus brutes & les plus irrégulieres y trouvent leur place. L. 9.

Le Vers appesanti tombe avec cette masse.
Voyez-vous des Epics efleurant la surface ;
Camille dans un Champ qui court, vole & fend l'air ;
250 La Muse suit Camille, & part comme un éclair.
Par les divers accens du fameux Timothée
Admirez comme l'ame émue, & transportée
Quitte & prend tout à coup de nouveaux sentimens :
Quand il change de ton, différens mouvemens
255 Partagent à l'envi le grand cœur d'Alexandre :
Il s'anime, il s'irrite, il veut tout entreprendre ;
Implacable Guerrier, foible Amant tour à tour,
La gloire dans son cœur combat avec l'Amour :
Avec transport tantôt il demande ses armes,
260 Et tantôt il soupire, & se baigne de larmes.
Un Grec sçut triompher du Vainqueur des Persans,
Et le Maître du Monde obéit à ses Chants.
Quel cœur n'éprouve pas ce que peut l'harmonie
Quand avec de beaux Vers sa force est réunie !

REMARQUES.

Vers 249. (*Camille dans un Champ qui court, vole & fend l'air.*) M. Pope a tiré cette idée de Virgile.
Illa vel intactæ segetis per summa volaret
Gramina, nec teneras cursu læsisset aristas. Eneid. l. 7. v. 808.
Vers 251. (*Par les divers accens du fameux Timothée.*) Il étoit Milésien, fils de Tersandre aussi célébre Musicien. Il ajoûta à la Harpe la dixiéme & la onziéme corde. Ce que M. Pope dit ici du pouvoir de sa Musique sur le cœur d'Alexandre, est confirmé par les anciens Auteurs. Ils en rapportent encore plusieurs autres exemples, qui semblent si bien prouvés, qu'il n'y a que les Musiciens de nos jours qui aient intérêt de les révoquer en doute.

Fin du deuxiéme Chant.

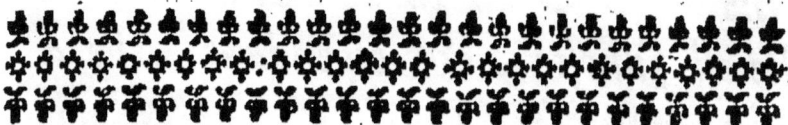

SOMMAIRE.

Deux excés également à éviter pour un Critique, la flaterie & la malignité. Régle qu'il doit suivre pour tenir un juste milieu entr'un dégoût chagrin que rien ne contente, & une facilité outrée qui approuve tout. Détail des divers préjugés qui corrompent les jugemens des Critiques. Prévention, soit en faveur des Anciens, soit en faveur des Modernes, ou même des Ecrivains d'une certaine Nation. Il est des Critiques qui réglent leurs jugemens sur ceux des autres, sur le nom de l'Auteur, sur leurs craintes, ou sur leurs espérances, sur le goût de leur siécle, &c. De l'esprit de parti, de l'envie ; combien

SOMMAIRE.

elle est funeste, & cependant utile à ceux qui en sont l'objet. Vanité & misère de ce qu'on appelle bel esprit. La jalousie est la maladie & le fléau ordinaire des Poëtes. On ne rend ordinairement justice aux grands Hommes qu'après leur mort. Jusqu'où va l'acharnement & l'animosité des mauvais Auteurs contre les bons. On déplore cette fureur, & on exhorte les Critiques à tourner plûtôt leurs armes contre l'obscénité, & contre l'irréligion. Peinture de l'excès, où ces deux vices furent portés en Angleterre sous le Régne de Charles II.

ESSAI SUR LA CRITIQUE.

CHANT TROISIE'ME.

EN vain contre l'erreur s'arme-t'on de science:
Le Sçavant doit payer tribut à l'ignorance,
Toujours quelque défaut obscurcit ses Ecrits;
Tel est le triste sort des plus rares esprits.
5 Consultez donc le but qu'un Auteur se propose.
S'il tient ce qu'il promet, que faut-il autre chose ?
Si son dessein est bon, s'il est exécuté,
Si le stile est correct & plein de netteté,
N'effacez point son nom du Temple de Mémoire;
10 Quelques traits négligés n'ôtent rien à sa gloire.
Evitez tout excès en parlant d'un Auteur;
J'abhorre un envieux, je méprise un flateur.

REMARQUES.

Vers 12. (*J'abhorre un envieux, je méprise un flateur*)
Soyez ou plus, ou moins, ou aussi habile, écrivoit Pline le
jeune à un de ses amis, vous avez également intérêt à louer

R

Condamner un Ecrit fur une minutie,
C'eſt négliger le fonds pour la ſuperficie.
15 Voyez le tout en gros : que le plaiſir malin
De répandre avec Art un dangereux venin,
Ne vous dérobe pas ce plaiſir ſi louable,
Que donne aux bons eſprits un Ouvrage admirable.
Mais auſſi n'allez point par un autre défaut
20 Au moindre trait d'eſprit vous récrier trop haut.
Un ſot ſans ceſſe admire, un homme ſage approuve :
A travers un brouillard le Voyageur éprouve,
Que les objets confus en paroiſſent plus grands ;
Tout s'agrandit de même aux yeux des ignorans.
25 Différens préjugés entés ſur la Nature
Du jugement humain corrompent la droiture :

REMARQUES.

celui qui vous ſurpaſſe, que vous ſurpaſſez, ou qui vous égale ; celui qui vous ſurpaſſe, puiſque vous ne pouvez mériter de louange, s'il n'en eſt pas digne ; celui que vous ſurpaſſez ou qui vous égale, puiſque la gloire qui lui revient, rehauſſe néceſſairement la vôtre. *L. 6. Ep. 17.*

Vers 13. (*Condamner un Ecrit ſur une minutie.*) Virgile en eſt-il moins admirable pour être tombé dans quelques mépriſes, comme lorſqu'il met des Cédres en Italie ; des Cerfs en Afrique ; & des crins ſur le cou des Serpens, auſſi-bien que ſur ce qu'il dit du ſacrifice de Didon, ſuivant l'uſage des Romains, ou de l'immolation d'un Taureau à Jupiter ? De ſemblables fautes n'échappent aux bons Auteurs, dit le P. Rapin, que parce que leur eſprit, occupé des grandes idées, ne peut deſcendre juſqu'aux petites.

Vers 24. (*Tout s'agrandit de même aux yeux des ignorans.*) Les merveilles, dit un Auteur, fuyent devant des yeux ſçavans.

Vers 25. (*Différens préjugés entés ſur la nature.*) Les différentes paſſions des Hommes, leur condition, leurs emplois, leurs qualités, leurs inclinations, leurs liaiſons, leurs

Les uns pour nos Auteurs affectent du mépris,
Les autres des François rejettent les Ecrits ;
Aux Modernes ceux-ci donnent la préférence,
30 Ceux-là des Anciens adorent l'excellence :
Toute Secte prétend avoir seule la Foi ;
Tout Peuple sur le goût veut seul donner la Loi.
On voudroit que le Ciel du bon sens trop avare,
En eût fait aux humains un don encor plus rare,
35 Qu'arrêtant du Soleil les rayons bienfaisans,
Cet Astre moins fécond eût borné ses présens.
Les Peuples du Midi vantés pour leur science,
Ne ressentent pas seuls sa bénigne influence ;

REMARQUES.

études, leur patrie & leurs engagemens mettent de fort grandes différences dans les idées qu'ils conçoivent des choses, & leur font souvent penser aujourd'hui de très-bonne foi le contraire de ce qu'ils pensoient hier : il est donc de la sagesse de bien connoître le caractére, la profession, & sur-tout les intérêts d'un Auteur, pour faire le discernement de ce qu'on peut attribuer à ces différens préjugés d'avec ce que la liberté & le dégagement d'esprit lui eût dicté en d'autres circonstances & dans d'autres situations. *Jugement des Sçavans, Tome premier.*

Vers 29. (*Aux Modernes ceux-ci donnent la préférence.*) Les uns pleins de chagrin contre leur siécle mettent les Anciens bien haut uniquement pour rabaisser leurs Contemporains. C'est d'ailleurs un moyen assuré de faire éclater son érudition ; les louanges qu'on donne aux célébres Auteurs de l'Antiquité, supposent qu'on les entend parfaitement ; les autres au contraire plus jaloux de la réputation du bel esprit, que de celle de sçavant, croiroient faire tort à leur propre gloire, s'ils accordoient aux Anciens quelque supériorité sur les Modernes, & c'est ainsi que le même amour propre jette les Hommes dans des partis entierement opposés. *Voyez Fontenelle, digression sur les Anciens & les Modernes, & la recherche de la Vérité, I. Partie.*

Et s'il échauffe moins les Habitans du Nord,
40 Leur esprit moins bouillant est plus mur & plus fort.
C'est le même flambeau qui luit dans tous les âges,
Il donne à notre tems des Sçavans & des Sages;
Il en prépare encor pour les siécles futurs.
Les jours tantôt plus clairs & tantôt plus obscurs,
45 Des choses d'ici-bas éprouvant l'inconstance,
Ont leurs accroissemens comme leur décadence:
Tous les siécles ainsi plus ou moins éclairés,
Par de rares esprits ne sont pas illustrés :
Réglez sur le vrai seul votre juste suffrage,
50 Et sans chercher leur nom, leur Pays, ou leur âge,
Prisez les bons Auteurs, & blâmez les mauvais.

D'eux-mêmes quelques-uns ne prononcent jamais;
Actifs à ramasser ce que pense la Ville,
Chez eux le jugement est un meuble inutile.

REMARQUES.

Vers 47. (*Tous les siécles ainsi plus ou moins éclairés.*) Un Auteur a remarqué que dans tous les siécles les grands Hommes ont presque tous été Contemporains, & que les Arts & les Sciences y sont arrivées à leur plus grande splendeur par un progrès subit, & qu'ils ne se sont soutenus dans cet état florissant que pendant un petit nombre d'années; non seulement les plus grands Peintres de toutes les Ecoles ont vécu dans le même tems, mais ils ont été les Contemporains des grands Poëtes leurs Compatriotes. Les tems où les Arts ont fleuri se sont encore trouvés féconds en grands Sujets dans toutes les Sciences, dans toutes les Vertus & dans toutes les Religions. *Voyez Velleius Paterculus. Lib. I. & l'Auteur des Réflexions Critiques sur la Poësie & la Peinture, Tome 2. Sect. 3.*

55 Tout faux raisonnement est par eux adopté ;
Ils en font les honneurs sans l'avoir inventé.
Et d'autres plus légers sans chercher davantage,
Sur le nom de l'Auteur décident de l'Ouvrage ;
C'est donc telle personne, & non pas tel Ecrit,
60 Que leur censure approuve, ou bien qu'elle proscrit.
 Mais je hais encor plus l'insipide arrogance
D'un Homme né sans goût & plein de suffisance,
Qu'on souffre dans le monde à titre de Sçavant,
Critique, infatigable à la table d'un Grand :
65 Il doit compte à *Mylord* des doctes bagatelles
Dont les jolis esprits amusent les ruelles.
Oh ! que ce Madrigal seroit de bas aloi,
S'il étoit d'un Auteur tel que Silvandre ou moi !
Qu'un Seigneur libéral s'en déclare le pere,
70 Il devient un chef-d'œuvre, on loue, on exagére,
Le tour en est charmant, & le stile épuré :
Tout défaut disparoît devant son nom sacré.

REMARQUES.

Vers 58. (*Sous le nom de l'Auteur décident de l'Ouvrage.*) Il n'est pas si aisé de se faire un nom par un Ouvrage parfait, que d'en faire valoir un médiocre par celui qu'on s'est déja acquis. *La Bruyere, caractéres de ce siécle.*

Vers 69. (*Qu'un Seigneur libéral s'en déclare le pere.*) L'Idée qu'on a des Grands, de l'élévation de leurs sentimens, & sur-tout de leur éducation en impose souvent sur leurs Ouvrages : mais ce préjugé ne dure que pendant leur vie, la mort les remet dans l'égalité commune ; & les Critiques ne les épargnent pas plus que les autres, dès qu'ils n'ont plus rien à craindre ou à espérer d'eux.

Le préjugé conduit le crédule vulgaire ;
Mais les Sçavans trompés par un abus contraire
75 Combattent la raison pour être singuliers,
Et se piquent d'avoir leurs goûts particuliers ;
Ils ont pour la plûpart vieilli dans l'habitude
De chercher le bon sens loin de la multitude ;
Et si par un hasard le Peuple pensoit bien,
80 Ils raisonneroient mal pour ne le suivre en rien :
De même en s'éloignant du simple Catholique,
Par un excès d'esprit se perd le Schismatique.
D'autres toujours changeans, flotent dans leur sçavoir,
Et blâment le matin ce qu'ils vantent le soir :
85 Ils traitent une Muse ainsi qu'une Maîtresse ;
Tantôt son fol Amant l'adore & la caresse ;
Et tantôt il l'outrage aux yeux de ses Rivaux.
Ils tiennent tour à tour pour le vrai pour le faux :
A présent vos amis, bientôt vos adversaires ;
90 Le même jour les voit dans deux partis contraires.
Du siécle où nous vivons aveugles Partisans,
C'est le seul, selon nous, où régna le bon sens :
Nos Peres étoient bons, mais sans goût, sans finesse ;
Nos enfans héritiers de la même foiblesse,
95 Prétendront à leur tour en sçavoir plus que nous,
Et se croiront en droit de nous traiter de fous.

REMARQUES.

Vers 94. (*Nos enfans héritiers de la même foiblesse.*) Il n'y a personne, dit M. de Fontenelle, qui n'entre tout neuf dans le monde, & les sotises des Peres sont perdues pour les enfans.

Notre Isle de tout tems féconde en Fanatiques,
Autrefois fourmilla de fougueux Scholastiques :
La science des mots faisoit tout leur sçavoir ;
100 Il sembloit que la Foi soumise à leur pouvoir ;
Ne fût que pour fournir aux combats de l'Ecole
De chicannes sans fin la matiere frivole :
Chacun d'eux à couvert dans sa subtilité,
Montroit trop peu de sens pour être réfuté.
105 Et Scotiste, & Thomiste aujourd'hui sont tranquilles
La raison a mis fin à leurs guerres civiles.
Si donc selon les tems quoique la même en soi,
Sous differens dehors on a montré la foi ;
Faudra-t'il s'étonner que l'esprit s'accommode,
110 Au bisarre pouvoir de l'inconstante mode ?

REMARQUES.

Vers 98. (*Autrefois fourmilla de fougueux Scholastiques.*)
Les Anglois se glorifioient autrefois d'avoir seuls fourni plus de Commentaires sur le Maître des Sentences, que tout le reste de l'Europe. Un de leurs Ecrivains soutient, que la Scholastique étoit en usage parmi eux long-tems avant qu'elle fût connue dans l'Université de Paris, & qu'ils l'avoient emporté sur toutes les autres Nations par la subtilité de leurs raisonnemens, & par l'artifice de leurs disputes. Heureusement nous n'avons plus aucun intérêt de leur disputer une prééminence qu'ils font aujourd'hui gloire d'abandonner. *Voyez les jugemens des Sçavans.*

Vers 100. (*Il sembloit que la Foi soumise à leur pouvoir.*)
Si la Théologie souffrit pendant plusieurs siécles des vaines subtilités de la Logique, & du défaut de méthode si justement reproché aux Sectateurs d'Aristote, n'a-t-elle rien à craindre aujourd'hui de cet esprit de systême, de Métaphysique, & même de Géométrie, que la Philosophie de Descartes a introduit parmi quelques-uns de nos Théologiens ?

Souvent du naturel les Auteurs s'écartans,
Sont forcés d'obéir au mauvais goût du tems.
Le bon sens les contraint de suivre la folie,
Qui malgré la raison s'est enfin établie :
115 Trop satisfaits de voir leurs Ouvrages durer,
Tant qu'il plaît à des sots de lire, & d'admirer.
Tout homme de parti n'estime d'ordinaire,
Que ceux de son état, ou de son caractére,
Et s'arroge le droit d'obliger l'Univers
120 A suivre aveuglément ses caprices divers.
On croit aimer les bons ; hélas ! dans d'autres hommes,
C'est nous que nous aimons, aveugles que nous sommes.
Les Sçavans divisés en partis différens,
Sont doublement aigris contre leurs concurrens.
125 Sur l'illustre *Dryden* l'orgueil & la malice
Epuiserent long-tems leur amére injustice :

REMARQUES.

Vers 117. (*Tout homme de parti n'estime d'ordinaire.*) Ces sortes de jugemens se font souvent de bonne foi. On n'y pense pas, dit l'Auteur de la Recherche de la Vérité ; mais l'amour propre y pense pour nous, & sans que nous nous en appercevions ; car il en est de cet amour propre, comme de la chaleur qui est dans le cœur de l'Homme, & qui ne se sent pas, quoiqu'elle donne le mouvement à toutes les parties du corps.

Vers 125. (*Sur l'illustre Dryden....*) Dryden est regardé comme le plus grand Poëte d'Angleterre, du moins par le prodigieux nombre de Vers qui sont sortis de sa plume. On l'accuse d'avoir quelquefois abusé de sa facilité. Il est plein d'inégalités. Mais dans ceux de ses Ouvrages où il s'est le plus négligé, on le plaint quelquefois, dit un

Son bon sens triompha de leurs fades bons mots,
Et *Dryden* à son char enchaîna ses Rivaux.
Le vrai mérite enfin l'emporte sur l'envie,
130 Si par un coup du Ciel il reprenoit la vie,
Des *Milbournes* jaloux, des *Blakmores* nouveaux
Armeroient pour le perdre ennemis & rivaux.
Qu'Homére renaissant vienne chanter Achille,
Les Enfers irrités vomiront un Zoïle.

REMARQUES.

homme d'esprit de son Pays, mais on l'admire toujours. Nous avons de lui quelques Tragédies, & un grand nombre de Comédies. Il a traduit en Vers plusieurs Poëtes Latins. Sa Traduction de Virgile lui a fait un honneur infini dans sa Nation. Il avoit eu des pensions considérables de la Cour. Mais sur la fin de sa vie, les cabales de ses ennemis, peut-être même sa mauvaise conduite, les lui firent retrancher, & il est mort dans la misére. Ses Ouvrages sont trois Volumes in-folio, sans compter les Fables qui sont in-8°., & qui sont très-estimées.

Vers 131. (*Des Milbournes jaloux.*) L'Auteur des Remarques sur la Dunciade de M. Pope, l'appelle le plus généreux de tous les Critiques, parce que s'étant avisé d'écrire contre la Traduction de Virgile par Dryden, il fit la justice à ce grand Poëte, d'en publier en même tems une autre de sa façon : elle fut trouvée si pitoyable, qu'elle ne servit qu'à faire éclater la gloire de Dryden, & la honte de son Critique.

Vers 131. (*Des Blakmores nouveaux.*) Le Chevalier Richard Blakmore est le Scudery d'Angleterre. Il a écrit plusieurs Romans en Vers, sous le titre de Poëme Epique. Il enfante, dit-on, tous les ans un gros Volume. On prétend cependant qu'il a fait un Poëme sur la Création, qui mérite d'être lû. C'est un Ouvrage Philosophique dans le goût de Lucréce, mais dont les principes n'ont rien de conforme à ceux du Poëte Epicurien.

Vers 134. (*Les Enfers irrités vomiront un Zoïle.*) La mémoire de Zoïle a été si odieuse par cette fureur avec laquelle il s'acharna sur les plus fameux Auteurs, tels que

135 Comme l'ombre fait voir la vérité du corps,
Ainsi la pâle envie avec ses vains efforts,
Au mérite éclatant ajoute un nouveau lustre :
Tout Auteur envié devient bientôt illustre.
A peine le Soleil paroît sur l'Horison,
140 Qu'aussi-tôt de vapeurs s'éléve un tourbillon :
Mais ses rayons puissans en forment des nuages,
Dont les vives couleurs, les bisartes images
Augmentent la splendeur de son char radieux,
Et d'un jour plus brillant embellissent les Cieux.
145 Montrez-vous le premier à louer le mérite ;
Si-tôt qu'à l'applaudir le Public vous invite,
Votre éloge tardif a perdu tout son prix :
Hélas ! tel est le sort des plus fameux Ecrits,
Sont-ils victorieux des efforts de l'envie ?
150 Leur beauté par le tems leur est bientôt ravie.
Un langage correct au tems de nos Ayeux
Est aujourd'hui pour nous un jargon ennuyeux.

REMARQUES.

Platon & Isocrate, mais sur tout Homére, que personne ne s'est soucié de conserver ni ses Ouvrages, ni l'Histoire de sa Vie. On sçait seulement que sa mort a été violente, & ce qu'il y a de plus étonnant, une punition des injustes emportemens de sa Critique.

Vers 151. (*Un langage correct au tems de nos Ayeux.*) Cela ne peut être vrai que par rapport aux Langues, qui n'ont pas encore acquis toute leur perfection. Dans les tems même où les Langues Grecques & Latines ont été les plus corrompues, les Ecrivains qui avoient composé dans l'âge où elles étoient dans toute leur force & leur pureté, ont toujours été admirés. Quoiqu'aujourd'hui le style des Ita-

Dryden, à qui le ſtile a couté tant de veilles
Bientôt comme *Chaucer* bleſſera nos oreilles.
155 Au bout de ſoixante ans à l'oubli condamné,
L'Ecrivain le plus pur paroîtra ſuranné.
Ainſi que le pinceau dans la main des grands Maîtres,
Sur la toile à leur gré forme de nouveaux êtres ;
Que toujours attentive & prompte à leurs ſouhaits
160 La Nature s'empreſſe à conduire leurs traits ;
En vain de leurs couleurs la brillante harmonie
Devient avec le tems plus douce, & plus unie ;
En vain chaque figure en ſa perfection,
Semble remplie aux yeux de vie, & d'action ;
165 Les fragiles couleurs par degrès ſe terniſſent,
Et tant d'objets vivans avec elles périſſent.
Ah ! que du bel eſprit le ſort eſt malheureux !
De tous les dons du Ciel c'eſt le plus dangereux.

REMARQUES.

liens ſoit fort différent de celui de Machiavel & de Guichardin, les bons Auteurs du ſiécle de Léon X. ne ſont point vieillis pour eux, & l'Abbé Fontanini nous aſſure, que tous les gens de bon goût de ſa Nation les préférent à leurs Contemporains. On peut dire par la même raiſon, que quand la Langue Françoiſe viendroit à ſe corrompre, les illuſtres Ecrivains du ſiécle de Louis le Grand feront toujours l'admiration de ceux-là même, qui ne pourroient les imiter. *Voyez les Réflexions Critiques ſur la Poëſie & la Peinture*, Vol. 2. p. 406. *& Fontanini lettera ſulla eloquenza Italiana.*

Vers 154. (*Bientôt comme Chaucer bleſſera nos oreilles.*) Chauſſer vivoit dans le quatorziéme ſiécle. Son langage a tellement vieilli que les Anglois aujourd'hui ne l'entendent

Compenſe-t'il jamais les maux que fait l'envie ?
170 Par ſes trompeurs attraits la jeuneſſe éblouïe
S'enyvre d'un encens dont le parfum flateur
Se diſſipe à l'inſtant, peu durable impoſteur.
C'eſt une tendre fleur que le Printems fait naître,
Qui meurt dans le moment qu'elle vient de paroître.
175 Qu'eſt-ce donc que l'eſprit, dont on fait tant de cas ?
Une Coquette aimable, & brillante d'appas,
Qui prodiguant ailleurs ſa joye, & ſa tendreſſe
Ne porte à ſon Epoux qu'une froide triſteſſe.
S'il nous donne le pas ſur de foibles Rivaux,
180 Il faut pour le garder redoubler ſes travaux.
Plus on donne au Public, plus le Public exige :
Nuit & jour un Auteur médite, écrit, corrige;

REMARQUES.

preſque plus. Il a compoſé un aſſez grand nombre de Contes en Vers. C'eſt l'Ariſtote des Anglois, un eſprit riant & fécond, mais peu réglé. Ses Compatriotes admirent l'enjoüement & la naïveté de ſes narrations. Mais il les égaye ſouvent aux dépens des Moines, & quelquefois même aux dépens de la pudeur.

Vers 181. (*Plus on donne au Public, plus le Public exige.*)
C'eſt ce que M. de S. Evremond exprime admirablement bien en parlant de Corneille; il eſt, dit-il, ſi admirable en quelques-unes de ſes Piéces, qu'il ne ſe laiſſe pas ſouffrir ailleurs médiocre. Ce qui n'eſt pas excellent en lui, me ſemble mauvais, moins pour être mal, que pour n'avoir pas la perfection qu'il a ſçu donner à d'autres choſes. Ce n'eſt pas aſſez à Corneille de nous plaire légérement, il eſt obligé de nous toucher : s'il ne ravit nos eſprits, ils emploieront leurs lumiéres à connoître avec dégoût la différence qu'il y a de lui à lui-même, & pour nous avoir plû trop ſouvent, il s'eſt impoſé la loi de le faire toujours.

Et dans l'espoir d'un nom travaille incessamment ;
Il l'obtient avec peine, & le perd aisément.
185 Sûr d'être critiqué, mais incertain de plaire ;
Haï des vicieux, & suspect au vulgaire,
Abandonné des bons, attaqué par les Sots,
Il succombe souvent sous leurs lâches complots.
Si l'esprit souffre tant de la folle ignorance,
190 Qu'il trouve un sûr asile auprès de la science.
Autrefois dans leur art les hommes excellens,
Voyoient récompenser leurs soins & leurs talens.
Que dis-je ? un noble effort avoit aussi sa gloire.
Si l'honneur du triomphe après une victoire,
195 N'étoit qu'au Général par les loix décerné,
Le Soldat à son rang y marchoit couronné.
Dans ce siécle envieux les Maîtres du Parnasse,
Jaloux d'occuper seuls cette éclatante place,
Font de honteux efforts pour en précipiter
200 Les Poëtes naissans qui tentent d'y monter.
Tandis que chaque Auteur plein d'une bile amére,
Dans ses jaloux transports déchire son confrere,
Les beaux esprits aux mains sont le jouet des Sots.
Toujours mauvais amis ; s'ils vantent leurs Rivaux,
205 C'est grimace affectée, & pure bienséance.
Tout Auteur peu loué, loue avec répugnance.

REMARQUES.

Vers 184. (*Il l'obtient avec peine, & le perd aisément.*) On ne feroit pas tant de cas de la réputation, si on faisoit réflexion sur l'injustice des hommes à l'établir, ou à la détruire.

Vers 206. (*Tout Auteur peu loué, loue avec répugnance.*)

Est-il lâche moyen, est-il honteux détour ?
Que ne suggére pas l'insatiable amour
De ce rien séduisant, qu'on nomme Renommée :
210 Ah ! qu'une telle soif dans votre ame allumée
Ne vous inspire pas cette horrible noirceur.
Qu'on retrouve toujours l'Homme dans le Censeur.
Le bon sens, du bon cœur doit être inséparable ;
Un grand & noble esprit est indulgent, affable ;
215 Errer tient du mortel, pardonner est divin.
Mais si d'un cœur outré l'impétueux levain
Vous force d'exhaler sa brulante furie,
Portez le zéle ardent d'une colére aigrie
Sur mille autres excès plus noirs & plus crians ;
220 On n'en trouve que trop en ces coupables tems,
 Point de grace sur-tout à ces infâmes rimes,
Dont les traits libertins autorisent les crimes :

REMARQUES.

Nous ne louons ordinairement de bon cœur, que ceux qui nous admirent.

Vers 209. (*De ce rien séduisant, qu'on nomme Renommée.*) Qu'est-ce donc en général que cette estime, & cette réputation dont on est si follement jaloux ? Dans ceux qui nous l'accordent, un jugement fondé sur la vûe d'une petite partie de nous-mêmes, & sur l'ignorance de tout le reste. Dans nous-mêmes, ce n'est qu'un sentiment de joie confus & injuste, qui nous fait oublier toutes nos foiblesses & nos imperfections, pour ne nous laisser voir que par le seul endroit par lequel nous avons surpris l'estime du Public.

Vers 221. (*Point de grace sur-tout à ces infâmes rimes.*) J'ai été obligé de changer ici trois ou quatre Vers, dans lesquels l'Auteur, du moins au jugement de toutes les personnes que j'ai consultées, en condamnant l'obscénité, sembloit tom-

Rejettez tout Auteur qui dans l'obscénité,
Cherche un honteux rémede à sa stérilité.
225 Mais un esprit poli qui rend le vice aimable,
S'il est moins odieux, en est-il moins coupable?
Au milieu des douceurs de la prospérité,
D'obscénes Ecrivains, le Royaume infecté,
Vit régner dans nos Vers une affreuse licence.
230 Le Monarque endormi dans sa molle indolence
Se livroit tout entier aux charmes de l'amour.
Une Maitresse alors régloit tout à la Cour,
Vendoit à prix d'argent ou la Paix ou la Guerre,
Et du Prince à son gré gouvernoit le Tonnerre.
235 Le Ministre d'Etat, bravant le Spectateur,
D'une Piéce sans mœurs, se déclaroit l'Auteur.
Les Belles, sans rougir d'un spectacle lubrique,
Ecoutoient hardiment un Poëte Cynique:

REMARQUES.

ber dans le défaut même qu'il blâmoit. Mais aussi, faut-il convenir qu'il n'y a rien de plus chaste que la Langue Françoise: cette même raison m'a obligé de retrancher encore ailleurs deux comparaisons.

Vers 230. (*Le Monarque endormi dans sa molle indolence.*) L'Auteur parle ici de Charles II. dont le caractére est assez connu, le Vicomte de Rochester disoit de lui, qu'il n'avoit jamais rien dit de mal, ni jamais fait rien de bien.

Vers 235. (*Le Ministre d'Etat bravant le Spectateur.*) M. Pope parle apparemment ici de Villiers Duc de Bouckingham, connu pour être l'Auteur de deux Comédies admirablement bien écrites. Le sujet de l'une est tiré des Nouvelles de Cervantes; & l'autre intitulée, le *Rehersal*, est une Parodie très-ingénieuse des Piéces de Théatre qui avoient paru de son tems.

D'un modeste éventail on ne se couvroit plus ;
240 Pour goûter en secret les endroits dissolus ;
Et des Filles osoient approuver d'un sourire
Des traits qu'avant ce tems elles n'auroient pû lire,
Sans montrer sur le front une chaste pudeur.
L'esprit régnoit alors, mais aux dépens du cœur.
245 Un sçavoir éclatant tenoit lieu de naissance ;
Quoique jeune un Seigneur cachoit son ignorance.
La Cour par ses présens flatoit les beaux esprits,
Et tous avec ardeur polissoient leurs Ecrits.
Sous le Règne suivant vint une autre licence ;
250 Un Monarque étranger, du lieu de sa naissance
Apporta parmi nous les dogmes de Socin :
On but avidement son dangereux venin.
A l'Eglise, à l'Etat une Etoile fatale,
Nous fit des Hollandois adopter la morale ;
255 Ils prirent tout notre or, nous leur Réligion.
Des Prédicans sans foi parmi la Nation,

REMARQUES.

Vers 250. (*Un Monarque étranger,*) Guillaume III. Prince d'Orange, étoit d'un caractére tout opposé à celui de son Prédécesseur. Elevé dans le bruit des armes, son oreille, dit un Historien Anglois, n'étoit sensible à d'autre harmonie qu'à celle des tambours & des trompettes. Il ne montra jamais de goût pour les beaux Arts, ni d'estime pour ceux qui s'y distinguoient. *History of Ingland in two vol.*

Vers 253. (*A l'Eglise, à l'Etat une Etoile fatale.*) Dans la crainte que ceux qui ignorent jusqu'où va la liberté Angloise, ne soient tentés de croire que j'aurois peut-être un peu chargé ce portrait ; je ne puis m'empêcher d'avertir que j'ai suivi, depuis le Vers 238. jusqu'au 280. l'Anglois mot pour mot.

Vinrent

Vinrent par intérêt annoncer la réforme ;
Aux penchans de leurs cœurs, leur doctrine conforme,
Nous fournit des moyens de salut plus aisés :
260 Les Humains par le Ciel leur parurent lésés,
Et dans leurs libertés, & dans leur conscience :
Ils devoient plus user de leur indépendance,
Dans la crainte que Dieu, sans égard pour leurs droits,
D'un joug trop absolu ne fît sentir le poids.
265 La Chaire devenue aux pécheurs complaisante,
Ne fit plus retentir qu'une voix nonchalante :
Le vice fut surpris d'y trouver des fauteurs ;
Et rendu moins timide à l'abri des flateurs,
De Modernes Titans par d'horribles blasphêmes
270 Oserent sans remords attaquer les Cieux mêmes :
La presse nous transmit leurs funestes Ecrits,
Et la contagion gagna tous les esprits.

Contre ces corrupteurs, contre ces frénétiques,
Tournez votre fureur, vifs & bouillans Critiques :
275 Percez-les de vos traits, qu'ils tombent sous vos coups,
Je ne condamne point un si juste courroux.
Mais n'allez pas aussi vainement ridicules,
Méditer un Auteur avec trop de scrupules,

REMARQUES.

Vers 272. (*Et la contagion gagna tous les esprits.*) Les Anglois prétendent que le grand nombre de libertins qui se trouvent parmi eux, ne doit pas faire deshonneur à leur Nation, puisqu'il n'y a, disent-ils, que ceux-là mêmes qui seroient hypocrites ailleurs, qui soient libertins en Angleterre.

Vers 277. (*Mais n'allez pas aussi vainement ridicules.*) Un

S

Et soupçonner partout quelque venin caché.
280 Tout semble également de pustules taché ;
Une simple rougeur est un charbon funeste,
Au gré du Médecin qui veille sur la peste.

REMARQUES.

Auteur sérieux n'est pas obligé de remplir son esprit de toutes les extravagances, de toutes les saletés, de tous les mauvais mots que l'on peut dire, & de toutes les inéptes applications que l'on peut faire au sujet de quelques endroits de son Ouvrage, & encore moins de les supprimer. Il est convaincu que quelque scrupuleuse exactitude qu'on ait dans la maniere d'écrire, la raillerie froide des mauvais plaisans, ou l'injustice des gens mal intentionnés, est un mal inévitable, & que les meilleures choses ne leur servent souvent qu'à leur faire dire une sotise. *La Bruyere*, *Caractères de ce siécle.*

Fin du troisiéme Chant.

SOMMAIRE.

Qualités du cœur qui sont essentielles au Critique, amour de la vérité, politesse, modestie, &c. Il doit dire avec liberté son avis aux grands Auteurs, & avec circonspection aux médiocres. Il y en a de si sottement amoureux d'eux-mêmes, & de si incorrigibles, que c'est perdre le tems & se deshonorer soi-même, que de critiquer leurs Ouvrages. Présomption, caractére des petits génies; défiance de soi-même, caractére des génies élevés. Portrait d'un Critique parfait. Histoire de la Critique; ses différentes révolutions; de ceux qui se sont distingués dans cet Art parmi les Anciens; d'Aristote, d'Horace, de Denys d'Halicarnasse, de Pétrone, de Quintilien & de Longin. La destruction de l'Empire Romain, & l'inondation des Barbares firent insensiblement disparoître la Critique. Elle se remontra sous le Pontificat de Léon X. Renaissance des Arts, la Poësie, la Musique, la Sculpture, la Peinture, &c. Les Arts passent du Midi au Nord. Le François se distingue par la Critique. A l'exception de quelques esprits du premier Ordre, dont on donne le caractére, la plûpart des Anglois résusent de se soumettre aux Loix de la Critique. L'éloge d'un illustre Poëte Anglois, dans lequel l'Autéur fait entrer plusieurs particularités qui le regardent lui-même, termine ce quatriéme & dernier Chant.

ESSAI SUR LA CRITIQUE.

CHANT QUATRIE'ME.

DU sage & vrai Critique apprenez la morale;
Qu'à travers les détours d'un frauduleux Dédale,
Un sçavant Magistrat trouve la vérité;
En jugera-t'il mieux, s'il manque d'équité?
Ce n'est donc pas assez que plein d'intelligence,
Le Critique posséde une vaste science,
Que la Nature & l'Art, unissant leurs efforts,
Daignent verser sur lui leurs plus riches trésors.
Dans ses décisions qu'une candeur aimable,
Aux dures vérités donne un tour agréable:
C'est peu par votre esprit de vous faire estimer;
Je veux que le Public s'empresse à vous aimer.
En vain votre Critique est sçavante & sincére;
De brusques vérités, un langage sévére,
Font souvent plus de mal, qu'un mensonge poli.
Pour se faire écouter un Critique accompli

REMARQUES.

Vers 15. (*Font souvent plus de mal qu'un mensonge poli.*)
L'incivilité peut quelquefois passer à la faveur de la vérité,

Dépose adroitement l'air & le ton de Maître :
Veut-il être instructif ? il feint de ne pas l'être ;
Il sçait avec douceur entrer dans vos raisons ;
20 Vous diriez que de vous il reçoit des leçons.
L'austére vérité déplaît sans politesse :
L'orgueil n'écoute point un Censeur qui le blesse ;
Je souffre avec chagrin qu'on me fasse la Loi.
Et je hais tout esprit qui veut régner sur moi.
25 Dans le doute jamais ne rompez le silence ;
Certain d'avoir raison, un air de défiance
Fera mieux recevoir vos modestes avis.
Lorsque dans un travers donnent certains esprits,

REMARQUES.

mais jamais le mensonge à la faveur de la politesse : aussi M. Pope ne veut-il dire autre chose, sinon que lorsqu'on veut guérir l'esprit, c'est très-mal s'y prendre, que de blesser le cœur, & que la *vérité souffre quelquefois autant de la chaleur de ses défenseurs, que de la malice de ses ennemis.*

Vers 17. (*Dépose adroitement l'air & le ton de Maître.*) Tout Homme qui veut nous apprendre quelque chose que nous ignorions, prétend dès-lors avoir plus de lumiéres que nous, du moins sur le point dont il est question entre lui & nous. Ainsi il présente en même tems deux idées désagréables à l'amour propre : l'une, que nous manquons de lumiéres ; l'autre, que lui qui nous instruit, nous surpasse en intelligence. La premiere nous humilie, la seconde irrite & excite notre jalousie. Et cette disposition secréte nous rend tout à la fois odieux & la vérité qu'on nous enseigne, & le Maître qui voudroit nous l'enseigner. *Nicole, du moyen de conserver la paix.*

Vers 24. (*Et je hais tout esprit qui veut régner sur moi.*) Il y a naturellement dans le cœur de l'homme, je ne sçai quoi de grand, de noble & d'élevé, qui fait qu'il ne peut rien souffrir au-dessus de lui. C'est pourquoi nous relevons volontiers, dit Quintilien, ceux que nous trouvons abattus, ou qui s'abaissent eux-mêmes, parce que cela nous donne un air de supériorité, & que cet état d'abaissement ne laissant plus lieu à la jalousie, un sentiment naturel de bonté en

Les plus fortes raiſons n'ont plus ſur eux d'empire.
30 Mais pour vous quelquefois aimez à vous dédire ;
Et ſans vous aveugler ſur votre grand ſçavoir,
Critiquez le matin les Ouvrages du ſoir.

En vous quand un Auteur place ſa confiance,
Gardez de le trahir par trop de complaiſance;
35 Que dans tous vos avis régne la vérité;
Préférez la juſtice à la civilité :
Et ne craignez jamais d'allumer la colere
D'un Homme que l'eſprit diſtingue du vulgaire;
Tout Ecrivain vraiment digne d'être admiré,
40 Ecoute avec plaiſir un Cenſeur éclairé.

Mais comment s'expliquer avec force & courage,
Lorſqu'un timide Auteur, en liſant ſon Ouvrage,
Le ton de voix tremblant, & les yeux égarés,
Frémit à chaque mot que vous y cenſurez.
45 Critiquer un Seigneur c'eſt lui faire une injure ;
Il a droit ſans eſprit de braver la Cenſure ;

REMARQUES.

prend auſſi-tôt la place. Au contraire, celui qui ſe fait trop valoir, bleſſe notre orgueil, en ce que nous croyons qu'il nous rabaiſſe & nous mépriſe, & qu'il ne ſemble pas tant s'élever lui-même, que faire deſcendre les autres au-deſſous de lui. *Inſtit. lib.* II. *c.* I.

Vers 30. (*Mais pour vous quelquefois aimez à vous dédire.*) Après avoir manqué la premiere gloire qui conſiſte à ſuivre toujours la vérité ; la ſeconde eſt de revenir à la vérité, lorſqu'on reconnoît qu'on s'eſt trompé. L'aveu de ſes erreurs ſuppoſe dans celui qui le fait, un mérite non commun, & une élévation d'ame qui ſent bien que ſes pertes ne ſont point capables de lui faire de tort. Au lieu qu'un petit eſprit qui ne peut ſe diſſimuler ſa pauvreté, n'a garde de rien haſarder, ni de rien perdre volontairement du peu qu'il poſſéde.

Vers 45. (*Critiquer un Seigneur, c'eſt lui faire une injure.*)

Et peut quand il lui plaît, se donner pour Auteur ;
Comme il peut, sans sçavoir, être reçu Docteur.
Sincére, mais sans fiel, laissez à la Satyre
50 Le dangereux plaisir de mordre & de médire :
N'allez pas cependant louangeur ennuyeux,
Lâchement prodiguer l'encens fastidieux.
Qu'un Auteur importun, que la faim embarrasse,
S'épuise en traits flateurs dans une Dédicace ;
55 Ses éloges forcés ne sont pas mieux reçus,
Que les sermens qu'il fait de ne composer plus.
Sur de vils Ecrivains le mieux est de se taire ;
Laissez les Sots en paix dans leurs Vers se complaire ;
Leur orgueil enyvré de mensonges flateurs
60 Se console aisément du mépris des Lecteurs.

REMARQUES.

Si la vérité défend de flater les Grands, la prudence permet quelquefois de respecter en silence leurs foiblesses. Car il n'est pas sûr, disoit un Sçavant, en parlant de l'Empereur Adrien, de se commettre avec un Auteur, qui a trente Légions sur pied pour se venger, ou pour se défendre.

Vers 49. (*Sincére, mais sans fiel, laissez à la Satyre.*) Comme les flateurs se brouillent avec le Public, pour vouloir trop plaire aux particuliers ; il arrive aussi que les faiseurs de Satyres se brouillent quelquefois avec les particuliers, en voulant trop plaire au Public. *Le P. Rapin.*

Vers 52. (*Lâchement prodiguer l'encens fastidieux.*) Quelqu'outrées que soient les louanges, il est bien difficile, dit M. de Fontenelle, qu'elles manquent de vraisemblance, pour ceux à qui elles s'adressent. On en rabat seulement quelque chose, pour les réduire à une mesure un peu plus raisonnable. Mais à la vérité on n'en rabat guéres, & on se fait à soi même bonne composition. On croit souvent mériter des louanges qu'on ne reçoit pas ; & comment ne croiroit on pas mériter celles qu'on reçoit ? *Dialogue des Morts.*

Le sçavoir ne peut rien contre leur ignorance ;
L'esprit plein de projets, le cœur plein d'espérance,
Sourds aux cris du bon sens, ils vont toujours leur train ;
Insensibles aux coups, on les déchire en vain :
65 C'est un sabot qui dort sous le fouet qui l'agite.
Par le mauvais succès leur courage s'irrite :
Tel on voit un Joueur que le malheur poursuit,
S'animer par la perte au jeu qui le séduit.
Combien en voyez-vous pleins d'une sombre yvresse,
70 Arriver en rimant jusqu'à la vieillesse ?

REMARQUES.

Vers 65. (*C'est un sabot qui dort sous le fouet qui l'agite.*) Cette comparaison ne sera pas du goût de tout le monde, mais on ne peut condamner ici l'Auteur, qu'on ne condamne en même tems Virgile qui s'en est servi pour nous donner une vive idée du trouble & de l'agitation d'une Princesse : c'est au septiéme Livre de l'Enéide.

Ceu quondam torto volitans sub verbere turbo
Quem pueri magno in gyro vacua atria circum
Intenti ludo exercent. Ille actus habena
Curvatis fertur spatiis : stupet inscia turba,
Impubesque manus, mirata volubile buxum ;
Dant animos plagæ . . . . . .

Mais je n'ai pû m'empêcher de changer les deux Vers suivans. M. Pope y comparoit les misérables Poëtes usés à une *Rosse*, qui ne manque jamais de hausser le pas après avoir bronché : le mot de *Jade*, qu'on ne peut rendre en notre Langue, que par celui de Rosse ou d'Haridelle, & dont on ne se sert jamais en Anglois, que pour exprimer un Cheval ruiné, ou une femme méprisable par sa malpropreté, ou par ses mœurs, fait une peinture qu'aucun François ne me sçau-

D'un cerveau sans chaleur pitoyables enfans,
Leurs Vers secs & glacés n'ont ni feu ni bon sens :
Et dans les noirs accés de leurs mélancolie,
Ils n'ont d'autre Apollon qu'un reste de folie.
75 Mais méprisés de tous ils ne sont qu'ennuyeux.
Il est d'autres esprits bien plus pernicieux ;
Un Pédant enyvré de sa vaine science,
Tout hérissé de Grec & bouffi d'arrogance,
Qui d'excellens Auteurs retenus mot pour mot,
80 *Dans sa tête entassés souvent n'a fait qu'un Sot,*
Croit qu'on pense de lui, comme lui-même en pense,
Et que tout doit céder à sa docte impudence.
Jusqu'aux Contes d'*Urfey*, ce grand Homme a tout lû,
Et toujours ce qu'il lit, est par lui combattu :
85 Les Auteurs, à l'entendre, achétent leurs Ouvrages,
Ou les doivent souvent à de honteux pillages :

REMARQUES.

ra mauvais gré de lui avoir épargnée. Je me flate d'ailleurs, que celle que j'y ai substituée, rend assez bien la pensée de l'Auteur.

Vers 71. (*D'un cerveau sans chaleur pitoyables enfans.*) J'ai supprimé encore ici une comparaison, qui a paru contraire à la modestie & à la bien-éance de notre Langue.

Vers 77. (*Un Pédant enyvré de sa vaine science.*) Il est une ignorance vuide de choses beaucoup moins méprisable, que cette ignorance remplie d'erreurs & d'impertinence que l'on appelle fort souvent science dans le monde. Au reste ces quatre Vers sont de Despréaux. Sat. 4. M. Pope les a empruntés presque mot pour mot ; & je ne pouvois mieux faire que de les rendre à leur Auteur.

Vers 83. (*Jusqu'aux Contes d'Urfey.*) Outre l'Ouvrage dont il est question, Urfey a écrit plusieurs Comédies qui lui ont fait peu d'honneur. On prétend qu'il avoit du génie pour ces espéces de Vaudevilles, que les Anglois appellent Ballades ; il a vécu long-tems, & n'a cessé de rimer, qu'en cessant de vivre.

Garth du *Dispensary* ne fut jamais l'Auteur.
Parle-t'on d'un Poëme ? il en est l'Inventeur.
Et si l'on eût suivi..... Mais voit-on un Poëte,
90 Corriger les écarts de sa verve indiscréte ?
Contre ces Discoureurs aucun asile ouvert ;
L'Eglise ou le parvis, rien n'en met à couvert.
Fuyez jusqu'aux Autels, leur auguste présence
Ne vous défendra point de leur impertinence :
95 Car un Sot ridicule osera pénétrer,
Où les Anges du Ciel craignent même d'entrer.

REMARQUES.

Vers 87. (*Garth du Dispensary.*) C'est un Poëme Heroï-Comique en six Chants, intitulé le *Dispensary* du nom d'une célébre Apoticairerie fondée dans le Collége des Médecins de Londres, pour le soulagement des Pauvres. Samuel Garth Docteur en Médecine, entreprit cet Ouvrage dans le dessein de tourner en ridicule, ceux de ses Confréres qui se joignirent aux Apoticaires pour faire tomber un établissement si utile au Public. Ce Poëme est rempli d'une Satyre très-vive & très-piquante contre les abus de la Médecine, & les prestiges de ses divers supports. Les mauvais Auteurs, & les prétendus beaux esprits de sa Nation n'y sont pas plus épargnés. Rien n'est plus riant ni plus neuf que ses descriptions ; mais on les trouvera peut-être un peu trop chargées à la maniere Angloise. Tous les morceaux m'en ont paru parfaits & finis dans leur genre : je ne sçai cependant s'ils concourent également à la beauté du tout, ou pour mieux dire, s'ils font un tout ; on pourra y trouver plus de finesse & de pensée que dans le Lutrin ; mais je doute que la composition en paroisse aussi sage & aussi réguliere que celle du Poëte François. Dans Boileau, l'Héroïque & le Comique sont, pour ainsi dire, entrelassés avec tant d'Art, qu'on n'y apperçoit jamais l'un sans l'autre ; & que deux genres si opposés semblent se prêter réciproquement des graces mutuelles, au lieu que le Poëte Anglois se jette quelquefois dans des plaisanteries si basses, ou dans des digressions si sçavantes, qu'on perd à tout moment son dessein de vûe, & que tour à tour on s'imagine lire un Poëme, ou purement Comique, ou purement sérieux.

Sagement circonspect, souvent un peu timide;
Ce n'est qu'avec lenteur que le bon sens décide :
Il aime à s'expliquer toujours en peu de mots ;
100 On parle rarement, quand on parle à propos.
Mais par un fol orgueil la sotise obsédée
Se répand en discours, ne suit que son idée ;
Se parle, se répond, pousse son homme à bout;
Ne quitte point sa prise, & fait tête par tout.
105 Où trouver un Censeur, dont le juste suffrage
Soit un garand certain du prix de votre Ouvrage;
Toujours prêt à montrer l'exacte vérité ;
Qui rempli de sçavoir, soit exemt de fierté ;
Dont l'esprit dégagé de faveur ou de haine,
110 Soit du faux & du vrai la mesure certaine ;
Ferme dans ses avis, mais sans entêtement ;
Sans être scrupuleux, plein de discernement ;
Quoique sçavant, poli ; quoique poli, sincére ;
Hardi, mais sans hauteur ; & sans rigueur, sévére ;
115 Assez ami du vrai, pour blâmer son ami ;
Assez droit, pour louer un rival ennemi ;
D'un goût exact & fin, de science profonde ;
Sçachant également les Livres & le Monde ;
Qui doux, officieux & civil sans fadeur,
120 Aux talens de l'esprit joigne les dons du cœur ?
  Tels furent autrefois ces illustres Critiques,
Dans des tems plus sçavans modéles presque uniques;
Qu'Athénes & que Rome ont vu jadis fleurir.
Aux contraintes de l'Art, qu'il sçut leur découvrir;

125 Aristote asservit l'audace des Poëtes :
Il offrit à leurs yeux mille beautés secrétes,
Que la Nature avare avoit jusques alors
Loin des foibles Mortels cachées dans ses trésors.
Les Enfans d'Apollon, Peuple fier & sauvage,
130 Nés dans la liberté, redoutant l'esclavage ;
Vaincus par la raison qui parloit par sa voix,
En sentirent la force, & reçurent ses Loix.
 Horace dans le cœur puisant tout ce qu'il pense,
Par une gracieuse & douce négligence,
135 Sans trop affecter l'Art, nerveux, vif & pressant,
Est partout instructif, partout intéressant,
C'est un ami prudent, mais sans cesse agréable,
Qui méne à la raison par une route aimable.
Chez lui le jugement aussi grand que l'esprit,
140 Donne de la vigueur à tout ce qu'il écrit.
Ses Ouvrages divers renferment la pratique
Des régles que prescrit sa brillante Critique.
Il juge de sang froid, & compose avec feu :
Sur ce point nos Censeurs lui ressemblent trop peu ;
145 Leur esprit aussi froid qu'un barbare apophtégme,
Critique avec chaleur, & compose avec flégme.
 Denis, sans se parer d'un sçavoir affecté,
D'Homére à son Lecteur fait sentir la beauté.

REMARQUES.

Vers 147. (*Denis, sans se parer d'un sçavoir affecté.*) L'Auteur veut parler ici de Denys d'Halicarnasse. Il n'est pas sûr cependant que les Fragmens de Critique qui portent son nom soient de ce célébre Historien ; mais tous conviennent qu'ils

Habile à pénétrer dans l'esprit du Poëte,
150 Il trouve en chaque Vers quelque grace secréte.
Pétrone, plein de sel & d'un vif enjouement,
Instruit dans son Ouvrage, & plaît également ;
Avec l'air enchanteur de la Cour & du Monde,
Il unit d'un Sçavant la science profonde.
155 Par l'ordre ingénieux qui régne en ses Ecrits,
Le grand Quintilien s'empare des esprits ;
Ses préceptes brillans d'une lumiére pure,
Semblent être puisés au sein de la Nature.
C'est ainsi qu'avec Art dans les dépôts de Mars,
160 Sont rangés les drapeaux, les piques & les dars ;
Non pour offrir aux yeux une parade vaine ;
Mais placés avec ordre, on les trouve sans peine.

REMARQUES.

sont remplis d'une Critique très-fine & très-judicieuse. Par les Ouvrages qui nous en restent, il ne paroît point qu'il eut fait un Commentaire entier sur Homére : mais il en avoit expliqué beaucoup de passages, & ses explications peuvent être regardées comme une méthode sûre pour arriver à l'Intelligence des autres.

Vers 151. (*Pétrone, plein de sel & d'un vif enjouement.*) Il est étonnant que l'Auteur, après ce qu'il nous a dit, Chant 3. Vers 221. ait pû tomber dans une contradiction aussi dangereuse que celle de louer, sans correctif, un Auteur tel que Pétrone. Ignoroit-il que ses peintures sont si licentieuses, & ses descriptions si passionnées, que de l'aveu de M. de S. Evremond son admirateur, elles inspirent le libertinage & la débauche. On ne peut donc s'empêcher, à l'exemple du P. Jouvency *, d'avertir ici les jeunes gens, que l'affreuse impureté qui fait le fond de ses Ouvrages, est bien plus capable d'allumer les passions, & de corrompre le cœur, que la pureté d'expression qu'on y admire, & quelques traits de fine Critique qui n'y sont jettés qu'en passant, ne sont propres à polir l'esprit & à former le jugement.

* *De ratione discendi & docendi.*

Pour toi, hardi Longin, les neuf Sœurs à la fois
Paroissent inspirer & soutenir ta voix.
165 Malgré les fiers transports de ton feu Poëtique,
Sage dans tes excès, ta pressante Critique
Marchant toujours au vrai, jamais ne se dément;
Et malgré nous saisit notre consentement :
Des Loix que tu prescris observateur fidéle,
170 Toi-même du sublime es un rare modéle.

Les Critiques long-tems conserverent leurs droits;
Et malgré les abus firent régner les Loix.
L'Empire & la science eurent même fortune;
Egaux dans leurs progrés leur gloire fut commune.
175 Par tout où le Romain planta ses Etendarts,
Sur les pas du Vainqueur, on vit marcher les Arts:
Aux mêmes ennemis l'un & l'autre céderent;
Frappés des mêmes coups Rome & les Arts tomberent.
Sous le joug des Tyrans les Peuples abattus,
180 Avec leur liberté perdirent leurs vertus :
La Superstition, fille de l'Ignorance,
Bannit de l'Univers le goût & la science.
On eut beaucoup de foi, mais très-peu de raison :
Etre simple & grossier, s'appelloit être bon.
185 Un déluge nouveau vint encore détruire
Les débris du sçavoir avec ceux de l'Empire;
Et les Moines marchant sur les traces des Gots,
Le monde alloit rentrer dans son premier cahos.

REMARQUES.

Vers 187. (*Et les Moines marchant sur les traces des Gots.*)
Dans ces siécles d'ignorance les Moines furent les seuls qui

Par le bien & le mal illustre dans l'Histoire,
190 Erasme de l'Eglise & la honte & la gloire,
Contre tous presque seul porta le coup fatal
Au reste de ce goût Gothique & Monachal.
Au tems du grand Léon, tout prend une autre face;
Tout d'un nouvel éclat brille sur le Parnasse:
195 Je revois les neuf Sœurs dans leurs premiers appas;
Une foule d'Amans s'empresse sur leurs pas.
Le Génie ancien de Rome la superbe,
Caché dans ses débris, enseveli sous l'herbe,
Léve sa tête altiére, & reprend ses honneurs =
200 La Peinture renait avec toutes ses Sœurs =

REMARQUES.

montrerent du goût & de l'amour pour les Belles-Lettres. Il est donc de la reconnoissance de les louer du travail & de l'application avec lesquels ils nous ont transmis les célébres Auteurs de l'Antiquité, & de la justice de rejetter sur le malheur des tems où ils vivoient, tout ce qu'il y a de barbare & de grossier dans leurs Ecrits.

Vers 189. (*Par le bien & le mal illustre dans l'Histoire.*) L'Abbé Marsolier, Traducteur de quelques Ouvrages d'Erasme, a employé son éloquence pour le justifier dans une Apologie adroite & bien écrite. Le P. Tournemine Jésuite la réfuta solidement par les Lettres même d'Erasme. Cette réfutation parut en France, & fut réimprimée en Hollande. Un Augustin Déchaussé donna aussi au Public une ample *Critique de l'Apologie d'Erasme*. M. Bossuet, dans son *Histoire des Variations*, après nous l'avoir représenté comme suspect en matiére de Foi, abandonne néanmoins sa mémoire au jugement de Dieu. S'il n'est pas permis de le louer comme Théologien, on ne peut du moins lui refuser la gloire d'avoir beaucoup contribué au rétablissement des Lettres.

Vers 193. (*Au tems du grand Léon.*) Le Pape Léon X. & Côme de Médicis, furent les Restaurateurs des Lettres en Italie, comme François I. le fut en France.

On voit entre les mains de l'adroite Sculpture,
Le Marbre s'animer, & vaincre la Nature :
Déja tout retentit de sons harmonieux :
Le Poëte reprend le langage des Dieux :
205 Les beaux Arts retrouvés, paroissent dans leur lustre ;
Et donnent aux Sçavans plus d'un modéle illustre.
Raphaël peint : Vida fait entendre sa voix :
Cet immortel Vida, qui joignit à la fois
Le Lierre du Critique au Laurier du Poëte,
210 Des conseils éternels grand & sage interprête.

REMARQUES.

Vers 207. (*Vida fait entendre sa voix.*) Jerôme Vida mort Evêque d'Albe en 1500. a fait un Art Poëtique, qui est généralement estimé. La Versification en est noble, il y règne un bel ordre. Mais on lui réproche de parler plûtôt en Poëte qu'en Maître qui donne des préceptes, & d'y avoir moins cherché à instruire qu'à plaire. L'Auteur l'appelle ici, *Des conseils éternels grand & sage Interprête*, parce qu'il a composé un Poëme sur la Mort de Jesus-Christ, intitulé la *Christiade*, qui est, à dire vrai, le moins parfait de ses Ouvrages. Il y a cependant beaucoup d'invention, ou pour mieux dire, il n'y en a que trop. On y voit le Sacré & le Prophane mêlés ensemble, & les fictions des Poëtes confondues avec les Oracles des Prophétes. Mais tel étoit alors le goût de son Pays. Vida ne laissoit pas d'être très-versé dans la science Ecclésiastique, & on a de lui plusieurs Ouvrages, qui ne font pas moins d'honneur à sa piété qu'à son érudition. *Voyez les jugemens des Sçavans.*

Vers 209. (*Le Lierre du Critique au Laurier du Poëte.*) Je ne sçai sur quelle autorité M. Pope se fonde, pour donner aux Critiques une Couronne de Lierre, je n'en trouve aucun exemple dans l'Antiquité. Servius & les autres Commentateurs que j'ai consultés sur le Vers de Virgile,

Pastores hederâ crescentem ornate Poëtam. Eclog. 7.

ne disent point que l'usage fût de couronner les Critiques de Lierre.

Mais bientôt l'Italie en feu de toutes parts
Vit passer dans le Nord la Science & les Arts.
Moins esclave qu'ami du pouvoir Monarchique,
Le François remporta le prix de la Critique.
215 Sous le joug de la régle il est en liberté.
Boileau, Critique amer, mais plein de vérité,
Toujours dans ses leçons d'accord avec Horace,
Se rendit la terreur & l'amour du Parnasse.
Pour nous avec le lait qui suçons le mépris
220 De tout ce qui paroît captiver les esprits,
Nous ne connoissons point ces régles étrangéres :
Sans nous civiliser, obstinés téméraires,
Ainsi qu'au tems passé nous bravons les Romains.
Quelques-uns cependant plus instruits, & moins vains,
225 Qui de la liberté distinguoient la licence,
Charmés des Anciens, en prirent la défense ;
Resserrerent l'esprit dans ses premieres loix ;
Et des régles de l'Art firent sentir le poids.
Tel étoit ce grand Maître & de Prose & de Rime,
230 Qui soûtint qu'un Ecrit en son genre sublime,
Où l'esprit, la raison, formoient un noble accord,
Etoit de la Nature & la gloire & l'effort.

REMARQUES.

Vers 229. (*Tel étoit ce grand Maître & de Prose & de Rime.*) Mulgrave Duc de Bouckingham, dans un petit Poëme, qui a pour titre, *Essai sur la Poësie.* On a encore de lui quelques Poësies & des Mémoires Historiques, dont le tour & la politesse marquent un goût exquis. Il se piquoit de devoir tout à son propre génie. On assure néanmoins qu'il méprisoit plûtôt les Lettres, qu'il ne les ignoroit.

Tel étoit *Roscomon*, Auteur dont la naissance
Egaloit la bonté, l'esprit & la science.
235 Des Grecs & des Latins partisan déclaré ;
Il aimoit leurs Ecrits, mais en Juge éclairé :
Injuste pour lui seul, pour tout autre équitable,
Toujours au vrai mérite on le vit favorable.
Du Parnasse envieux, ce Mortel si chéri,
240 Tel *Walsh*, des doctes Sœurs le juge favori,
Condamnoit sans aigreur, & louoit sans bassesse ;
Cœur rempli de droiture, esprit plein de justesse,
Doux & compatissant pour les fautes d'autrui,
Il fut de la vertu le plus solide appui.
245 Chere ombre recevez, pour prix de mon estime,
D'un cœur reconnoissant le tribut légitime :
Jeune, conduit par vous, dans le sacré Vallon,
Votre esprit lumineux me tint lieu d'Apollon :

REMARQUES.

Vers 233. (*Tel étoit Roscomon.*) Le Comte de Roscomon étoit Pair d'Irlande. La différence qu'il y avoit entre lui & le Duc de Bouckingham, c'est que le dernier faisoit vanité de n'être point sçavant, & que le premier l'étoit réellement sans en tirer vanité. Il nous reste de lui une Traduction en Vers de l'Art Poëtique d'Horace, un Poëme intitulé, *Essai sur la maniere de traduire en Vers*, & quelqu'autres Poësies qui sont toutes marquées au bon coin.

Vers 240. (*Tel VValsh, des doctes Sœurs le juge favori.*) Jonhson Imprimeur à Londres, a donné six Volumes d'Oeuvres mêlées. C'est-là seulement qu'on trouve les restes inestimables du Sr VValsh. Quoique ses Compositions soient très-exactes, elles ont un air libre & négligé, qui leur donne une grace & une douceur singuliere. C'est dommage que le respect qu'il avoit pour le Public, l'ait engagé à supprimer plusieurs de ses Piéces, dans lesquelles tout autre que lui n'auroit peut-être trouvé aucun défaut.

Mais séparé de vous, sans ardeur, sans ressources,
250 Je ne hasarde plus que de légeres courses,
Content, si dans ces Vers négligés, & sans fard,
Aux Poëtes naissans je développe l'Art,
Si des plus grands Auteurs réglant la confiance,
Par d'utiles conseils j'affermis la science.
255 La Satyre me trouve insensible à ses traits ;
La gloire n'a pour moi que de foibles attraits ;
Je loue avec plaisir, reprens avec courage,
Et fais grace à l'Auteur, mais jamais à l'Ouvrage.
Éloigné de médire autant que de flater,
260 Entre ces deux excès je me sçais arrêter ;
Et loin de m'aveugler sur mes propres caprices,
J'ose jusque sur moi faire la guerre aux vices.

REMARQUES.

Vers 256. (*La gloire n'a pour moi que de foibles attraits.*) Les grands génies reçoivent la réputation lorsqu'elle vient à eux ; mais ils ne courent point au-devant d'elle. Les belles choses leur sont si naturelles, qu'ils ne s'en apperçoivent presque point. Comme elles leur coutent peu, ils les font peu valoir ; au lieu qu'un esprit borné qui se défie de ses forces, à qui le beau échappe comme par hasard, & qui ne le trouve, pour ainsi dire, que hors de lui-même, saisit avidement tout ce qui le releve, dans la crainte de n'en plus retrouver l'occasion, & se persuade toujours que le Public lui doit des applaudissemens proportionnés à la peine & au travail que ses Ouvrages lui ont couté.

FIN.

De l'Imprimerie de P. G. LE MERCIER,
rue S. Jacques, 1737.

www.ingramcontent.com/pod-product-compliance
Lightning Source LLC
Chambersburg PA
CBHW051858160426
43198CB00012B/1658